KB213471

미라클 퀘스천

11인의 전문가, 우리의 미래를 구할 질문에 답하다

미라클 퀘스천

이정모, 곽재식, 김원영, 장대익, 김현수, 이태인, 김강,
오카 미즈키, 에릭 부스, 지정우, 구스타보 두다멜 지음
김정운 서문

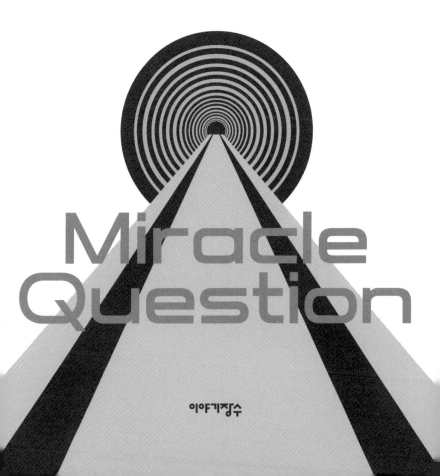

Miracle
Question

이야기장수

서문

새로운 '지식'이 필요하다!

김정운(문화심리학자, 여러가지문제연구소 소장)

1. '4차 산업혁명', 그런 건 없다!

지금은 많이 수그러들었지만, 한때 엄청난 일이 일어
난 것처럼 호들갑을 떨었던 개념이 있다. 이른바 '4차
산업혁명Fourth Industrial Revolution'[1]이다. 느닷없는 네번
째 혁명에 사람들은 곧 세상이 바뀔 것처럼 흥분했다.
앞선 세 번의 혁명에 대해서는 전혀 아는 바 없었지만,
4차 산업혁명은 AI, 사물인터넷, 3D 프린팅, 빅데이터,

[1]   Schwab, K. (2016). *The Fourth Industrial Revolution*. World Economic
Forum.

로봇공학 등의 엄청난 변화를 제대로 설명해줄 것 같았다. 어느 대통령은 '4차산업혁명위원회'라는 대통령 직속 기구까지 만들어 미래에 적극적으로 대응하겠다고 선언했다.

모든 공공 행사의 인사말에는 4차 산업혁명이 언급됐다. 교수들은 연구 계획서의 제목에도 4차 산업혁명을 꼭 집어넣었다. 그래야 연구 지원금이 나올 확률이 높아졌다. 그러나 4차 산업혁명은 한국에서만 유행한 개념이다.

4차 산업혁명 따위는 없다! 개념이 제대로 잡혀야 현상이 이해된다. 오늘날의 이 놀라운 변화를 고작 '산업혁명(!)'이라는 낡은 개념으로 이해하려는 시도는 잘못돼도 한참 잘못됐다. 세상을 이해하는 개념이 잘못되면 망한다. 개념을 만나면 도대체 그 개념이 어디서 시작됐는지, 그 출처를 확인해야 한다. 4차 산업혁명은 2016년 세계경제포럼WEF, World Economic Forum에서 클라우스 슈밥Klaus Schwab이 공식적으로 제안한 개념이다.

세계경제포럼은 매년 1월 스위스에서 열리는 '다보

스포럼Davos Forum'을 주최하는 기관이다. 클라우스 슈밥
은 이 단체를 창립한 오너다. 사설 단체에 불과하다는
이야기다. 언론에는 과장되게 포장되어 있지만, 다보스
포럼은 전직 대통령들과 비즈니스맨들의 최고급 사교
모임에 불과하다. 이 포럼에서 세계 경제를 설명하는
혁신적인 연구 결과나 개념이 소개된 적이 없다. 4차
산업혁명은 이 같은 비판에 클라우스 슈밥이 큰맘먹고
선언한 개념이다. 그러나 이 또한 낡은 개념의 새로운
포장에 불과했다.

2011년 하노버 산업박람회에서 독일의 화학자 헤닝
카거만Henning Kagermann 등은 독일 제조업의 미래를 진
단하며 '인더스트리 4.0Industrie 4.0'이라는 개념으로 국
가전략을 세우자고 제안했다. 생산과정의 디지털화를
서둘러 실시하지 않으면 독일 제조업의 미래는 없다는
것이 요지였다. 클라우스 슈밥이 4차 산업혁명을 주장
하며 동원한 1차 증기기관, 2차 자동화된 생산조립과
정, 3차 인터넷 등의 순서 또한 이때 이미 나온 개념들
이다. 슈밥은 5년 전 독일에서 소개된 이 '인더스트리

4.0'을 '4차 산업혁명'으로 살짝 바꿔 다보스포럼에서 선언한 것이다.[2]

슈밥이 개념을 베꼈다고 비난하는 게 아니다. 오늘날의 변화를 낡은 '산업혁명'으로 설명하기 때문이다. 일단, 산업혁명이라는 개념 자체가 잘못되었다는 비판이 제기된다. '혁명'이란 단기간에 이뤄지는 격렬한 변화를 일컫는 단어다. 그러나 영국에서 증기기관의 발명으로 촉발된 변화가 과연 혁명이라고 일컬을 만큼 급격한 변화였냐는 비판이다. 산업혁명이라고 불리는 영국 사회의 변화는 유럽 르네상스에서 비롯된, 아주 서서히 진행된 기술혁신 과정의 일부에 불과하다는 것이다.[3] 노동, 토지, 천연자원과 같은 보편적인 경제학적 변인으로 산업혁명의 본질을 설명하며 기존의 '산업혁명' 개념을 비판하는 논문들도 많다. 그러나 이러한 비

2 김정운, 『창조적 시선: 인류 최초의 창조 학교 바우하우스 이야기』, 아르테, 2023.

3 '산업혁명' 개념을 비판한 책과 논문은 셀 수 없이 많다. 다음의 논문이 대표적이다. Hartwell, R. M. (1990). *Was there an industrial revolution?*. Social Science History, 14(4), 567–576.

판 또한 제대로 초점을 맞춘 것이 아니다. 산업혁명이 아니라 '지식혁명'이기 때문이다.

2. '실용적 지식useful knowledge'의 출현과 '체계적 지식'

18세기 후반에 일어난 사회 변화를 산업혁명[4]으로 설명하면 역사적 사실을 이해하는 데 실패한다고 주장한 대표적인 학자는 미국 노스웨스턴대학교 경제학과의 조엘 모키르Joel Mokyr 교수다. 조엘 모키르는 산업혁명의 원인을 '산업계몽주의Industrial Enlightenment'에서 찾아야 한다고 주장한다.[5] 모키르는 계몽주의를 단순한 이성이나 합리성, 혹은 정치적 신념에 초점을 맞춰 해석하는 것을 거부한다. 계몽주의는 추상적인 이념이 아니라 구체적으로 과학과 기술, 산업의 발전을 가능케

---

4 '산업혁명'은 잘못된 개념이지만, 이미 학문적으로도 자리잡고, 모두가 사용하는 일상용어가 되었기 때문에 효과적 소통을 위해 계속 사용한다.

했던 지식 체계를 구축했다는 것이다. 그래서 '산업계몽주의'다.

증기기관이 세상을 바꾼 것이 아니라, 증기기관을 만든 지식이 세상을 바꿨다는 의미다. 합리적 세계관으로 무장한 산업계몽주의는 그때까지 전혀 다른 종류의 지식이었던 '과학'과 '기술'을 편집하여 '실용적 지식'을 만들어냈다.[6] 과학은 귀족들의 지식이었고, 기술은 장인들의 지식이었다. 이 두 지식은 서로 부딪칠 기회는 없었다. 그러나 산업계몽주의를 통해 두 지식은 실용적 지식으로 편집된다. 바로 이 실용적 지식이 세상을 바꿨다는 이야기다.

---

5   모키르는 '산업계몽주의' 개념을 다음의 논문에서 처음 주장했다. Mokyr, J. (1998). *The political economy of knowledge: Industrial Enlightenment and the origins of economic growth in Europe*. The European Review of Economic History, 2(2), 99–121. 이후 다음의 책에서 그 주장을 더욱 정교하게 발전시켰다. Mokyr, J. (2002). *The Gifts of Athena: Historical origins of the knowledge economy*. Princeton University Press. Mokyr, J. (2016). *A culture of growth: The origins of the modern economy*. Princeton University Press. (이 책은 2018년에 '성장의 문화: 현대 경제의 지적 기원'이라는 제목으로 한국에서 출간되었다.)

6   새로운 지식을 '편집된다'라고 이해하는 것은 창조적 사고의 출현을 설명하는 데 큰 도움이 된다. 김정운, 『에디톨로지: 창조는 편집이다』 21세기북스, 2014.

한번 경계를 뛰어넘어 편집된 지식은 무한 팽창하기 시작했다. 폭발적으로 증가하는 지식을 재편집하여 체계화할 필요가 생겼다. 이른바 '체계적 지식systematic knowledge'이다. 데카르트의 『방법서설』에서 출발한 지식의 트리구조화, 즉 계층적 지식은 산업계몽주의를 거치면서 진정한 지식의 전형으로 여겨지게 된다.[7] 체계적 지식의 확립에 대한 산업계몽주의의 요구는 칼 폰 린네Carl Linnaeus의 분류학으로 완성되어, 오늘날까지 이어진다. '표준화'와 '객관성'의 핵심 원칙에 기초한 린네의 분류학은 모든 생명체를 상위-하위 개념의 틀 속에서 체계적으로 위치시켰다. 이 같은 위계적 분류 방식은 이후 근대 과학 지식의 표준 모델이 된다.[8]

관공서나 회사, 대학도 트리구조의 체계적 지식으로 구조화되었다. 대학 본부 아래, 법과대학, 문과대학, 공

---

7 데카르트 저서의 여러 곳에 등장하는 '지식의 트리구조'에 관한 메타포는 근대 지식의 기본 형태가 된다. 르네 데카르트, 『철학의 원리』 원석영 옮김, 아카넷, 2015, 12쪽. (원전 출판연도: 1644/1647)

8 Foucault, M. (1970). *The Order of Things: An Archaeology of the Human Sciences.* New York: Vintage Books.

과대학 등이 자리한다. 문과대학은 철학과, 심리학과, 사회학과 등으로 나뉘고, 각 학과는 전공에 따라 또다시 나뉜다. 이런 방식의 체계적 지식은 근대사회를 구성하는 핵심 원리가 된다. 도서관 분류, 백과사전, 학문 구분, 권력 서열 등등이다. 그러나 여기서부터 오늘날의 문제가 시작된다. 근대 세계를 발전시켰던 체계적 지식이 어느 순간부터 세상을 이해하는 데 장애물이 되기 시작했다.

각 지식 사이의 경계를 뛰어넘지 못하는 이성은 표준화와 효율성만을 추구하는 도구적 이성으로 전락하여 융합적 사고의 출현을 방해하게 된 것이다. 이 같은 트리구조의 지식 체계가 갖는 한계는 『미라클 퀘스천』의 저자들이 제기한 문제들에서 공통적으로 나타나는 현상이다.

3. '폭소노미folksonomy'와
'창조적 지식creative knowledge'

『미라클 퀘스천』의 다양한 주제들, 기후변화, AI, 공간, 예술교육 등은 바로 이 근대를 지탱해왔던 가장 과학적이고, 합리적이라 여겨졌던 트리구조의 체계적 지식, 즉 '계층적 지식hierarchical knowledge'의 한계에 관한 문제 제기라고 할 수 있다. 현재의 지식 구조와 이를 바탕으로 세워진 세계관으로는 감당하기 어려운 속도로 진행되는 오늘날의 현상을 이해하기 어렵다는 비판이기도 하다. 더 나은 세상으로의 변화를 이끌어내는 데 '트리구조의 체계적 지식'이 갖는 한계는 분명하다. 이러한 문제 제기에 대한 대한민국 사회의 대답이 고작 '4차 산업혁명' 같은 것이라면 문제는 더욱 심각해진다.

산업계몽주의 이후로 축적된 지식의 체계를 '계층적 지식'이라고 한다면, 그 한계를 극복한 형태의 지식은 무엇일까? 계층적 지식은 지금까지 우리가 교육기관을 통해 익혀온 지식의 전형이다. 그러나 인터넷, 즉 서로 연결된 거대한 네트워크가 지식 습득의 수단이 되면서 사람들은 이제까지 학습하고 실천해온 계층적 지식과는 전혀 다른 형태의 지식을 습득하기 시작했다. 이른바 '네트워크적 지식networked knowledge'이다.

국내의 경우, '다음Daum'에서 '네이버NAVER'로의 전환은 네트워크적 지식의 출현을 상징적으로 보여준다. 취미를 공유하는 사람들의 커뮤니티 중심의 공동체였던 다음은 어느 순간 '지식을 공유'하는 네이버에 밀려나기 시작했다. 네이버에서는 이제까지의 지식 습득 방식과는 전혀 다른 구조가 생겨나기 시작했다. 전통적인 트리구조의 지식을 '택소노미taxonomy'라고 한다. 그리스어 'taxis(분류하다)'와 'nomos(법, 규칙, 과학)'의 합성어로 이제까지 인류가 축적해온 트리구조의 체계적 지식 체계를 일컫는다. 문제는 누가 이 지식의 구조를 설계하는가이다. 대학과 같은 전문기관이 설계한다. 이 지식에는 전통적 산업사회의 권력구조가 그대로 반영되어 있다. 대학이 지식 생산의 독점적 권력을 가질 수 있었던 이유는 바로 이 때문이었다.

인터넷상에서 모든 지식의 '검색'이 가능해지면서 지식 생산의 권력이 분산되기 시작했다. 사람들은 검색할 뿐만 아니라 자신이 찾아낸 지식을 타인들과 공유할 수 있는 새로운 방식을 원했다. 바로 이러한 요구에 대한 네이버의 대응이 '지식인'이었던 것이다. 네이버 지식인은 '태그tag'라는 메타데이터를 이용해 이용자들의 질문과 답변을 자유롭게 올리고, 자신들이 분류하는 시스템을 채택했다. 불특정 다수가 다양한 관점에서 정보를 연결하고 붙이는 '태그'는 전문가의 권력으로부터 자유롭다. '#'와 같은 기호를 사용해 누구나 지식의 분류 과정에 참여할 수 있게 된 것이다. '집단지성'이라고도 했다. 반응은 엄청났다.

네이비 지식인의 출현은 전 세계에서 일어나고 있는 지식구조화 혁명의 극히 일부분이었다. 이렇게 나타난 새로운 형식의 지식을 미국의 인터넷 컨설턴트 토마스 밴더 월Thomas Vander Wal은 택소노미에 빗대어 '폭소노미folksonomy'라고 이름 붙였다. 택소노미의 앞을 떼어내고, '대중'의 'folk'를 붙인 것이다. 이렇게 네트워크적 지식은 '집단 참여, 네트워크적 확산, 자발적 분류와 축적'을 뜻하는 폭소노미라는 새로운 명칭을 갖게 된 것이다.

네트워크의 출현으로 형성된 폭소노미와 더불어 이제까지의 지식 체계에 충격을 준 또다른 흐름이 있다. '창조적 지식'이다. 산업계몽주의의 자극으로 탄생한 실용적 지식은 과학과 기술이라는 전혀 다른 맥락의 지식이 편집된 결과였다. 그렇게 탄생한 실용적 지식은 다양한 방식으로 편집되어 오늘날의 계층적 지식이 되었다. 체계적으로 학습하여 재생산이 가능한 형태가 된 것이다. 20세기가 시작되면서 체계적 지식에 새로운 충격이 가해졌다. 바로 '예술'이다. 예술이라는 낯선 영역의 충격이 가해지면서 새로운 종류의 지식이 탄생하게 된다. 이른바, '창조적 지식'이다.[9]

시작은 독일의 '바우하우스BAUHAUS'였다. 오늘날, '융합' '통섭'과 같은 경계를 뛰어넘는 학제적 실험이 독일

---

9   김정운, 『창조적 시선: 인류 최초의 창조 학교 바우하우스 이야기』, 아르테, 2023.

바우하우스에서 '종합예술Gesamtkunstwerk'이라는 이름
으로 시도되었다. 바우하우스의 지식 실험에서 가장 중
요한 것은 전혀 다른 영역의 지식이었던 예술을 과학,
또는 기술과 편집하려 했다는 사실이다. 이 창조적 실
험의 결과는 현대적 의미의 '디자인design'이라는 새로운
지식의 출현으로 이어진다. 이렇게 시작된 창조적 지식
은 미국 '애플Apple' 사에서 시작한 다양한 인터페이스
실험(마우스-터치-보이스)을 거쳐 오늘날 AI의 탄생에
기여하게 된다.

　네트워크적 지식, 폭소노미, 창조적 지식은 기존의
지식 체계가 설명하지 못하는 현상을 만들어내고 해석
하는 새로운 지식의 각기 다른 이름이다. 여전히 변신,
합체를 거듭하고 있다. 중요한 것은 이러한 형태의 지
식 생산을 가능케 하는 네트워크상의 연결고리, 즉 '노
드node'의 역할이다. 네트워크의 각 노드는 단순한 집합
점이 아니다. 노드는 개인, 집단, 데이터, 자원 등 다양
한 형태의 주체적 행위자가 될 수 있다. 각각의 특수한
창의적 지식과 경험을 가진 노드는 다른 노드와의 연결

을 통해 새로운 의미와 가치를 창출한다.[10] 주체적 행위
가 상호작용적 차원의 의미 있는 행위가 되는 것이다.

『미라클 퀘스천』의 저자들이 제시하는 다양한 분야
의 창조적 주제는 활발한 토론을 통해 새로운 지식 창
출의 의미 있는 노드가 되리라 생각한다.

10 Bedford, D., & Sanchez, T. W. (2021). *Knowledge networks*. Emerald
    Publishing Limited. https://doi.org/10.1108/9781839829482

| 차례

생태와 기후 문제
— 우리가 해결할 수 있습니다

이정모

펭귄각종과학관 관장, 전 국립과천과학관 관장이자 과학 커뮤니케이터. 『찬란한 멸종』『과학의 눈으로 세상을 봅니다』 등을 썼다. 2019년 교양과학서를 저술 또는 번역하고, 자연사박물관과 과학관의 새로운 모델을 구현해 과학의 대중화에 기여한 공로로 과학기술훈장 진보장을 받았다.

"나는 인간 없는 지구를 꿈꿉니다."

자연과 지구를 사랑하는 많은 분들이 하시는 말씀입니다. 그런데요. 지구 역사 46억 년 가운데 대부분은 인간이 없는 세상이었습니다. 우리가 꿈꾸기도 전에 인간 없는 세상은 이미 존재했지요. 정말 길고 지루한 세상이었습니다. 노을이 지는 것도 아닌데 하루종일 붉은 하늘, 한 치 앞도 내다볼 수 없는 뿌연 바다, 암컷과 수컷이 서로 짝을 찾아 알콩달콩하는 대신 끊임없이 자기복제만 하는 무성생식 박테리아만 있던 세상이 아름다웠을까요?

아름드리나무가 가득한 늪 주변을 길이 3미터가 넘는 노래기 아르트로플레우라Arthropleura가 스멀스멀 기어다니고 날개를 펼치면 그 폭이 1.5미터나 되는 거대한 잠자리 메가네우라Meganeura가 날아다니는 세상이 아름다운가요? 100만 년 동안 지속되는 화산 폭발로 하늘은 화산재로 가득하고 산성비가 쏟아지는 세상이 아름다운가요? 티라노사우루스가 다른 공룡의 창자를 뜯어먹고, 고양잇과 동물에 쫓겨서 전력 질주를 하고 있는 원시인의 모습이 아름다운가요?

그건 너무 인간 중심의 생각 아니냐고요? 아니, 인간이 인간을 중심에 놓지 않고 생각하면 어떻게 하나요? 우리가 들국화, 달팽이, 지렁이, 풍뎅이, 직박구리의 시각으로 세상을 볼 수는 없잖아요. 생각하고 기억하고 이걸 잘 기록할 수 있는 생명체는 우리 호모사피엔스뿐이었습니다. 우리가 없었다면 자연사도 없었다는 겁니다.

텀블러는 이제 그만

지구에게 인류는 중요합니다. 그럼에도 불구하고 인간 없는 지구를 꿈꾸는 분들을 이해할 수밖에 없습니다. 왜냐하면 인류 때문에 지구에는 많은 문제가 생겼기 때문이죠. 플라스틱 쓰레기는 정말 처참할 정도입니다. 바다에는 물고기가 많을까요, 아니면 플라스틱이 많을까요? 설마 플라스틱이 그렇게 많겠어요? 아직 물고기가 훨씬 많습니다. 물고기 3킬로그램당 플라스틱 쓰레기가 1킬로그램 정도 있습니다. '훨씬'이라는 표현은 적당하지 않군요. 그런데 생각보다 많지요.

우리가 플라스틱 쓰레기를 제대로 처리하지 못하기 때문일까요? 그렇지 않습니다. 전 세계에서 매년 플라스틱 쓰레기 100킬로그램이 나온다면 이 가운데 96킬로그램은 제대로 분리수거해서 잘 처리하고 있습니다. 그런데 1킬로그램 정도가 바다로 흘러오죠. 이런 식으로 계속되다보면 2050년이 되면 물고기와 플라스틱 쓰레기가 1 대 1이 될 것입니다. 우리가 플라스틱 쓰레기를 제대로 처리하지 않아서가 아니라 썩지 않는 플라스 틱을 너무 많이 사용하기 때문입니다.

우리가 플라스틱 없이 살 수 있을까요? 저는 불가능하다고 봅니다. 플라스틱 가운데 50퍼센트는 설비에 들어갑니다. 건물 배관 같은 것이죠. 25퍼센트는 헤어드라이어, 의자, 키보드, 안경처럼 오래 사용하는 겁니다. 플라스틱 없으면 거의 불가능합니다. 나머지 25퍼센트는 일회용품입니다. 우리가 줄일 수 있는 것들이죠.

플라스틱은 꼭 필요합니다. 플라스틱이 생긴 까닭을 보시면 알 수 있어요. 플라스틱이 없었다면 아마 코끼리는 벌써 멸종했을 겁니다. 당구공과 빗을 만드느라 다 잡아야 했겠죠. 어떻게 할까요? 기술로 극복해야 합니다. 쉽게 만들 수 있다는 플라스틱의 장점은 유지하면서 쉽게 분해되는 플라스틱을 개발해야죠. 그리고 텀블러와 에코백을 사용하는 생활 습관을 지녀야죠.

그런데 말입니다. 한 집에 텀블러가 너무 많지 않습니까? 우리나라에는 국민 수보다 더 많은 텀블러가 있을 것 같습니다. 이제는 텀블러와 에코백은 그만 만들었으면 좋겠어요. 새로 만드는 게 아니라 집에 쌓여 있는 텀블러를 어떻게 나눠 쓰며 사용할지 고민할 때입니다.

사람이 사람답게 살기 위해
우리가 지불한 대가는

지구가 너무 더워졌습니다. 산업화 이후 기온 상승을 1.5도에서 막자고 그렇게 외쳤지만 2024년에 이미 1.6도가 넘어버렸죠. 원인은 한 가지입니다. 산업혁명 때문입니다. 산업혁명이란 결국 말도 안 되게 싸고 강력한 에너지원인 석탄과 석유를 마음껏 사용하는 경제 시스템입니다. "아니 요즘 기름이 1리터에 1700원도 넘는데 뭐가 싸다고 그래!"라고 따지실 수 있습니다. 싼 겁니다. 서울에서 부산까지 KTX를 타면 6만 원이 듭니다. 만약에 석탄과 석유가 없어서 우리가 가마를 타고 간다고 하면 6만 원에 갈 수 있을까요? 600만 원에도 안 될 겁니다. 화석연료 덕분에 80억이나 되는 인구가 풍요롭고 건강하게 장수하고 있는 겁니다.

기원전 1만 년 무렵의 농업혁명 그리고 18세기 산업혁명 덕분에 사람은 사람답게 되었습니다. 문명을 마음껏 누리게 된 것이지요. 그런데 그 결과가 이산화탄소 농도 증가입니다. 아니 산업혁명 때문에 이산화탄소 농도가 높아진 것은 알겠는데, 왜 농업혁명도 이산화탄소의 농도 증가를 가져올까요? 농사도 이산화탄소를 흡수해서 산소를 생산하는 과정이잖아요. 우리가 농사를 사막에 짓는 게 아니잖아요. 가장 비옥한 땅에 농사를 짓습니다. 인구가 늘어날수록 울창한 숲을 없애고 거기에 농사를 지어야 했던 것이죠.

그렇다면 숲이 빨아들인 이산화탄소는 영원히 대기에서 격리되는 것일까요? 그렇지 않아요. 숲도 언젠가는 썩을 테고 그러면 다시 대기 중으로 이산화탄소를 내보내겠죠. 장기적으로 보면 숲도 이산화탄소를 줄일수 있는 방법은 아닐 것 같아요. 하지만 그렇지 않습니다. 숲이 된 이산화탄소가 모두 대기 중으로 돌아가지

는 않습니다. 숯의 형태로 땅속에 저장되는 양도 만만
치 않습니다.

비밀은 자연사에 있다

앗! 갑자기 궁금해집니다. 화석연료를 사용해서 대
기 중에 이산화탄소가 늘어난다고 하는데 화석연료의
탄소는 어디에 있던 것일까요? 석탄과 석유는 지구가
만들어질 때부터 있던 것일까요? 그렇지 않습니다. 그
비밀은 자연사에 있습니다. 自然死가 아니라 自然史입
니다.

때는 고생대 석탄기였습니다. 이미 바다에는 물고기
들이 노닐고 육상에도 양서류가 진출하여 허파라는 게
발명된 시기였죠. 이때 커다란 나무가 처음 생깁니다.
놀랍게도 식물은 동물보다 나중에 생깁니다. 그런데 이
때는 대기 중의 이산화탄소가 지금보다 열 배나 높았어
요. 어땠을까요? 산업화 이전에 지구 대기의 이산화탄

소 농도는 0.02퍼센트였습니다. 지금은 0.04퍼센트예요. 겨우 0.02퍼센트 높아진 것이지만 두 배잖아요. 그래서 이렇게 더운 거예요. 그런데 지금보다 이산화탄소 농도가 열 배나 높았으니 얼마나 더웠을까요? 전 지구가 초열대기후였습니다.

우리나라에서는 점심만 먹고 나면 잠이 쏟아지지만 열대 지역은 점심만 먹고 나면 비가 쏟아지죠. 스콜이라고 합니다. 석탄기 나무들에게는 천국이었습니다. 이산화탄소 농도 높죠, 온도 높죠, 물도 많아요. 광합성에 필요한 모든 요소들이 다 갖춰진 것입니다. 산꼭대기에서 계곡의 늪지대까지 아름드리나무가 가득했습니다. 그런데 뿌리는 빈약했어요. 여린 뿌리 조직이 땅을 헤집고 다니는 일이 쉬운 게 아닙니다. 하지만 뿌리는 넓고 깊게 퍼져요. 뿌리에게는 다양한 기능이 있지만 가장 중요한 역할은 물을 흡수하는 것이니까요. 그런데 비가 매일 내리잖아요. 뿌리가 넓고 깊게 뻗어나갈 이유가 없죠.

태풍이 불어서 산꼭대기 나무가 쓰러지면 마치 도미

노 넘어가듯이 산비탈의 나무가 휩쓸려 내려갑니다. 계곡의 늪에는 뿌리 뽑힌 나무가 가득하죠. 뿌리 뽑힌 나무는 죽습니다. 죽은 나무는 썩어야 하지요. 나무가 썩으려면 미생물이 있어야 합니다. 생명은 미생물에서부터 진화했으니 이미 다양한 미생물이 엄청나게 많았어요. 하지만 나무가 처음 생기다보니 나무를 썩게 하는 미생물이 아직 없었습니다.

죽은 나무가 썩지를 못합니다. 계속 쌓이면서 열과 압력을 받으면 죽은 나무에서 수소와 산소 성분은 빠져나가고 탄소 성분만 남습니다. 그게 바로 석탄입니다. (석유는 어떻게 생겼는지 몰라요. 공룡 시체가 썩은 거라는 이야기는 그냥 하는 헛소리입니다. 그렇다면 도대체 공룡이 얼마나 많았다는 거예요.) 고생대 대기 중의 이산화탄소가 석탄이 되어서 땅에 묻히면서 대기 중 이산화탄소 농도는 낮아졌죠. 그게 산업혁명 전까지 유지되었습니다. 그런데 사람들이 화석연료를 사용하면서 이산화탄소 농도가 다시 높아진 겁니다.

우리만 변하면 되는 간단한 일!

지금 지구 최고의 위기는 기후입니다. 너무 더워지고 있다는 거죠. 그 이유는 화석연료를 사용해서 생긴 이산화탄소입니다. 원인을 알면 해결점을 찾을 수 있잖아요. 이산화탄소를 발생시키지 않으면 되는 겁니다. 어떻게 해야 할까요? 개인이 할 수 있는 일과 나라가 할 수 있는 일이 있습니다. 우선 개인이 할 수 있는 일부터 살펴보죠. 의식주 모든 곳에 길이 있습니다.

우선 옷입니다. 지구에서 발생하는 이산화탄소의 10퍼센트는 옷을 만드는 과정에서 생깁니다. 경제개발은 섬유산업부터 시작합니다. 우리나라도 그랬잖아요. 그런데요. 아프리카 시장에 가면 유명 브랜드 제품의 옷과 신발을 산더미처럼 쌓아놓고 팝니다. 다 우리가 열심히 헌옷 수집을 해서 보내준 것들이죠. 덕분에 아프리카는 경제개발의 기회를 잃고 있습니다. 아무리 잘 만들어도 우리가 버린 옷보다 더 잘 만들 수는 없기 때문입니다. 아프리카 경제를 위해서라도 우리는 옷을 그만 버려야 합니다. 옷을 그만 버리는 가장 좋은 방법은 그만 사는 것이죠. 우리 옷 너무 많지 않나요?

먹는 것도 마찬가지입니다. 여러분은 삼겹살 처음 먹은 날을 기억하십니까? 삼겹살이 공기처럼 존재하던 것은 아니잖아요. 저는 1981년 8월 15일 점심때 처음 먹었습니다. 저만 그런 게 아니라 친구들도 마찬가지였습니다. 도대체 그때 무슨 일이 일어났던 것일까요? 우리나라뿐만 아니라 전 세계의 경제가 폭발적으로 성장했죠. 100만 원 벌 때 밥을 한 그릇 먹었는데 500만 원 번다고 밥을 다섯 그릇 먹을 수 있는 것은 아니잖아요. 새로운 것, 즉 고기를 먹기 시작한 것입니다. 소고기 1킬로그램을 생산할 때 발생하는 온실가스를 이산화탄소로 환산하면 50킬로그램이나 됩니다. 소고기 1킬로그램을 생산하려면 25킬로그램을 먹여야 합니다. 우리가 소고기 1킬로그램을 덜 먹으면 50킬로그램의 이산화탄소를 발생시키지 않고 25킬로그램의 먹이를 생산할 목초지를 숲으로 바꿀 수 있죠.

에너지의 3분의 1은 주택과 건물에서 그리고 3분의

1은 교통에서 발생합니다. 서울 같은 대도시 사람들이 대중교통을 이용하는 것만으로도 기온 상승을 늦추는 데 큰 도움이 됩니다.

답은 과학과 기술에!

　인류는 지구환경에 큰 피해를 주었습니다. 이게 아무나 하는 게 아닙니다. 능력이 있어야 할 수 있는 거죠. 그런데 인류는 문제를 일으키기만 하는 게 아니라 해결하기도 합니다. 1990년대만 하더라도 남극 상공에 오존 구멍이 커져간다는 뉴스가 자주 나왔습니다. 요즘은 그런 뉴스 안 나옵니다. 문제가 해결되었기 때문이죠. 냉장고와 에어컨 냉매로 사용하는 프레온가스가 오존을 파괴한다는 사실을 알게 된 인류는 프레온가스 대신 다른 냉매를 사용했습니다. 수십 년 지나자 문제가 해결되는 거예요.

　1980~1990년대에 서울에서 비를 맞으면 큰일난다

고 생각했어요. 산성비 때문이죠. "그 비 맞으면 안 돼. 산성비야. 너 대머리 돼!" 이런 이야기 많이 들었습니다. (대머리는 산성비 때문이 아니라 유전 때문에 생깁니다.) 하지만 요즘은 서울에도 정상적인 비가 내립니다. 대기가 깨끗해졌기 때문입니다. 우리는 문제를 해결할 수 있는 능력이 있습니다.

점점 더 더워지는 기후 문제는 어떻게 해결할까요? 에어컨을 끄자고요? 불가능합니다. 어떻게 에어컨 안 켜고 살아요. 전기 조금 사용하는 에어컨 개발해야죠. 만들 때 이산화탄소가 발생하지 않는 전기를 사용해야죠. 가장 중요한 일은 화석연료를 그만 사용하는 것입니다. 우리는 답을 알고 있죠. 영원히 존재하는 태양과 바람을 이용하는 겁니다.

신재생에너지가 좋기는 하지만 너무 비싸지 않냐고요? 요즘은 풍력과 태양광이 가장 싼 에너지입니다. 우리나라는 지형상 신재생에너지 발전에 적합하지 않다고요? 독일의 가장 남쪽과 우리나라 가장 북쪽을 비교해보세요. 독일 남단이 우리나라 북단보다 위도가 7도

높습니다. 중점을 비교하면 15도가 차이나죠. 어느 나라 햇볕이 더 좋을까요? 북쪽에만 바다가 있는 독일과 삼면이 바다인 우리나라를 비교하면 어느 나라 바람이 더 좋을까요?

문제는 기술이나 비용 또는 지형이 아닙니다. 바로 의지입니다. 생태 문제와 기후 문제를 해결하겠다는 의지가 있다면 해야 할 일이 있습니다. 의지는 법으로 나타납니다. 법이 있어야 세금을 투자할 수 있으니까요. 법은 누가 만들죠? 국회의원입니다. 여러분 우리만 변하면 문제는 해결됩니다. 국회로 가십시오. 도저히 바빠서 국회로 진출할 틈이 없다면 좋은 법을 만들 사람을 국회의원으로 뽑으세요. 우리 함께 꿈꿉시다.

"저는 인류가 지속하는 지구를 꿈꿉니다."

깊이 배우고 애써서
고민하는 생태 문제

곽재식

SF소설가이자 숭실사이버대학교 환경안전공학과 교수. 『한
국 괴물 백과』『지구는 괜찮아, 우리가 문제지』『지상 최대의
내기』『미래 법정』 등을 썼다. 다양한 대중매체에서 과학 지
식으로 사회현상을 해석하고 있다.

생태계에 대해서 막연히 생각할 때 착각하기 쉬운 점 하나가 아무 생각 없이 그냥 모든 것을 대충 방치하면 자연은 저절로 가장 좋은 상태로 변하게 될 거라는 생각이다. 여기에 쉽게 엮여들기 쉬운 다른 몇 가지 오해가 같이 연결되면, 현대의 생활방식을 버리고 기술이 뒤떨어진 시대, 과거의 생활방식으로 돌아가면 생태계가 마술처럼 회복될 거라는 상상이 같이 연결되기도 한다. 예를 들어, 지금 우리가 도시에서 살고 있는 삶의 방식을 포기하고 모든 한국인들이 전통의 조선시대 생활방식으로 돌아가면 생태계는 저절로 아름답고 무성하게 회복될 거라는 등의 생각이다. 만약 생태계에 관한 모든 문제들을 이런 식으로 생각한다면 그 생각은 자칫 큰 오류로 이어지기 쉽다.

일단 조선시대의 한반도 생태계는 얼핏 떠올릴 수 있는 것처럼 그렇게 건강하다고 할 수 있는 편이 아니었다. 특히 산림, 숲 생태계를 위주로 살펴보면 전통 방식으로 사람들이 살아가던 옛 시대 한반도의 생태계 파괴 문제는 아주 심각했다. 수천 년 동안 사람들이 마을과 도시를 이루며 살아오던 인구 밀집 지역 인근에서는 광범위하고도 무질서한 숲의 파괴가 이루어졌다. 사람들이 아무렇게나 나무를 잘라서 땔감이나 재목으로 사용하는 일도 많았고, 아예 화전농업이 이루어지면서 숫제 산에 불을 질러서 숲을 대규모로 없애버리고 농사를 짓는 일도 흔했다.

때문에 『조선왕조실록』 등의 옛 기록을 보면, 전국의 많은 산지에서 나무가 너무나 부족하다는 기록을 곳곳에서 찾아볼 수 있다. 이러한 기록들은 조선 말기, 한반도를 방문한 해외의 선교사나 외국인 방문자들의 여행기에서도 공통적으로 발견된다. 1781년 음력 10월 22일 『조선왕조실록』의 기록 등을 보면 이미 240여 년 전의 그 옛날에 서울뿐만 아니라 지방에서도 이미 숲의 손상이 너무 심해져서 그 때문에 산사태와 홍수의 피해가 커지는 문제까지 그 시절 사람들이 걱정하고 있다는 사실이 확인된다.

그렇다면 조선시대에 이렇게 심각했던 산림생태계의 파괴는 어떻게 회복될 수 있었을까? 조선시대보다 더이전 시대 삶의 방식인 고려시대나 삼국시대 삶의 방식으로 모든 한국인들이 되돌아갔기 때문일까? 아니면 한반도에서 사람들이 사라지고 모든 땅을 그냥 방치해놓았기 때문일까? 그런 일은 전혀 일어나지 않았다. 현대에 산림생태계가 회복되는 과정에서 오히려 인구는 훨씬 더 많이 불어났다. 경제발전도 더 빠른 속도로 더 넓은 범위에서 이루어졌다. 그런데도 수백 년간 한반도의 고질적인 문제였던 산림 파괴 문제는 20세기 후반에 이르러 해결 국면에 접어들었다.

한국인들이 숲을 회복시킬 수 있었던 까닭은 국민들

이 숲을 보호하기 위해 그냥 사라지거나 적당히 방치해 두었기 때문이 아니다. 그게 아니라, 전 국민이 다 같이 애쓰고 노력을 기울였기 때문이다. 그리고 그 과정에서 생태계를 보호하기 위한 좋은 방법을 찾기 위해 어디에, 어떻게 나무를 심고 어떻게 나무를 가꾸어나가며 어떤 나무들은 보호해야 하는지, 최선의 과학기술을 동원하여 열심히 살펴보고 연구했으며 나아가 그렇게 얻은 결과를 다 같이 실천했기 때문이다.

그렇기 때문에 현신규 박사를 비롯한 나무 연구 분야의 주요 과학기술인들의 이름을 과학기술인 명예의 전당에 올려두고 기념하고 있는 것이고, 한국인들은 지금까지도 4월 5일이 식목일이라는 사실을 다들 기억하고 지내고 있다. 4월 5일이 공휴일이 아니게 된 지는 벌써 20년이 넘게 지났지만 아직까지도 절대다수의 한국인들이 이 날짜를 기억하고 있다. 나는 이 사실이 얼마나 오랜 세월 동안 한국인들이 다 같이 숲을 회복시키기 위해 애썼는지를 상징한다고 생각한다. 한국인이 아닌 외국인에게 혹시 그 나라에는 식목일이 있는지, 그 나

라의 식목일이 며칠인지 한번 물어보라. 식목일이 며칠
인지 기억하는 사람도 거의 없겠거니와 많은 나라 사
람들이 나라에서 공식적으로 기념하는 나무 심는 날이
따로 정해져 있다는 문화 자체를 상상하지도 못할 것
이다.

영화나 문학작품에서는 관심을 유발하고 강렬한 감
정을 고조하기 위해 문제의 구도를 단순화할 때가 많
다. 착한 편과 나쁜 편이 있고, 우리 편과 악당이 있어
서 관객은 둘 중 한쪽 편을 들면서 이야기를 받아들인
다. 그렇다보니 많은 영화나 문학작품은 사람의 활동과
생태계 보호를 서로 적인 관계 내지는 반대인 관계로
표현할 때가 종종 있다. 아닌 게 아니라 실제로 아메리
카나 오스트레일리아 대륙 같은 곳에서는 대규모 이민
이 이루어지면서 사람의 활동 때문에 방대한 크기의 생
태계 파괴가 지나치게 급속히 이루어지며 경제개발이
진행된 역사가 있기도 했다. 그렇다보니 이런 영화, 문
학에서는 사람의 경제가 발전하고 기술이 발전하면 차
가운 금속과 기계로 상징되는 문명의 손길이 따스한 자

연생태계를 망가지게 만든다는 부류의 이야기가 더욱 나오기가 좋았던 것 같다.

그러나 그런 단순한 대립 구도는 문학작품 속에서 예술적으로는 가치가 있겠으나, 그 내용 그대로가 사실이 되지는 않는다. 한국처럼 역사가 길고 오래전부터 사람들이 자연과 어울려 사는 곳에서는 더욱더 사실과 거리가 멀다. 과학은 자연을 객관적으로 바라볼 수 있는 도구이기 때문에, 대체로 과학기술이 발전하면 우리는 그 발전을 통해서 생태계를 보호하고 되살리는 방법에 대해서도 더 많은 지식을 갖출 수 있다. 그 상태에서 사람들이 노력을 기울일 때 생태계는 효과적으로 보호될 수 있다. 반대로 그저 자연적인 느낌, 과거로 돌아가면 뭐든 해결될 것 같다는 막연한 감각에 매달리는 것으로 현대에 우리가 마주한 생태계 문제를 극복하기란 어렵다.

물론 자연을 사랑하는 마음을 갖는 것은 자연보호를 위해 좋은 태도다. 야생동물에 대해 호감을 품고 많은 식물이 우거진 풍경을 좋아하며 그 속에서 삶을 즐길 수 있도록 이끌어주는 것도 생태계를 풍요롭게 하기 위해 좋은 일이다. 그런 순수한 마음이 생태계 문제에 대한 관심을 이끌어낼 수 있으며, 그 관심이 더 깊은 노력으로 연결될 수 있도록 만드는 이유가 될 수도 있다. 야생동물에 호기심을 품는 마음을 유치하다고 폄하하거나, 깊은 산 속의 상쾌한 공기를 즐기는 태도를 '도 닦는 척한다'는 식으로 비웃을 필요는 결코 없다는 게 내생각이다. 기술이 발전하고 경제에 여유가 생길수록 자연에 대한 사랑을 추구한다는 점은 사람이라면 쉽게 공감할 수 있는 일이기도 하다.

내가 짚고 싶은 점은 그 마음 위에 교육이 더해져야 한다는 점이다. 자연에 대한 사랑이라는 바탕 위에 생태계를 위한 이해와 노력의 가치를 쌓아주는 것이 교육의 역할이라고 나는 생각한다. 자연이 아름답고 소중하니까 적당히 자연스러운 느낌으로 살면 좋다고 이야기하는 데 그친다면 그것은 교육으로는 부족하다. 배우고 고민하고 토론하는 교육의 영역에서는 그 이상으로 나아가야 한다.

사랑스러운 생태계의 세세한 모습은 어떠하며 그것을 어떻게 더 정확히 알 수 있고 거기에 생긴 문제를 해결하기 위해 어떤 방법을 생각해볼 수 있는지를 따지는 일이 더해져야 한다. 즉, 생태계 문제는 그저 '그냥 착하게 살면 좋다'는 정도의 단순한 말 이상의 문제다. 마치 오묘한 문학적 표현을 만들기 위해 애쓰는 일이나 복잡한 수학 문제를 풀이하기 위해 집중하는 일처럼 생태계 문제 역시 우리가 풀어나가고 발전시켜야 하는 과제다. 나는 바로 생태계에 대해 그런 능동적인 느낌을 가질 수 있도록 도와주는 일이 21세기 현대사회의 지금 우리가 교육을 통해 사람들에게 보충해주어야 할 생태 감수성의 핵심이라고 생각한다.

모기와 말라리아 문제를 한번 살펴보자. 모기가 옮기는 전염병인 말라리아는 긴 세월 인류 전체에게 막대한 피해를 끼친 굉장히 심각한 질병이었다. 한국 역시 말라리아 피해는 역사 전체에 걸쳐 굉장히 심각했다. 과거에는 말라리아를 한자어로 학질이라고 불렀으며 조선시대 세종 임금의 어머니인 원경왕후 역시 이 병으로 목숨을 잃었다는 기록이 있을 정도로 많은 피해를 끼친 병이었다.

그런데 21세기에 접어든 지금 대부분의 선진국에서 말라리아 피해는 거의 사라졌다고 할 정도로 줄어들었다. 한국은 특이하게도 여전히 말라리아 환자가 매년 수백 명 수준으로 발생하는 곳이기는 하지만 한국조차도 20세기 초중반에 비하면 말라리아 환자가 격감했다. 한국에 말라리아가 있는 줄 알지 못하는 사람이 흔할 정도다. 도대체 전 세계에 걸친 이런 변화는 어떻게 일어났을까?

그 이유는 사람들이 모기를 대대적으로 퇴치했기 때문이다. 한국을 포함한 많은 나라에서 다양한 방식의 살충제를 동원해서 과거와는 상상도 할 수 없을 정도로 많은 모기를 없애버렸다. 바로 그랬기 때문에 조선시대에는 임금의 어머니라도 말라리아로 목숨을 잃을 지경이었는데 21세기의 한국인들은 대부분의 사람들이 말라리아를 별로 걱정하지 않는 세상을 살게 되었다.

그런데, 이런 식으로 모기를 대규모로 퇴치하는 것이

과연 얼마나 옳은 일일까? 많은 모기들은 꽃의 꽃가루가 섞이는 일을 돕기도 하며, 모기 유충은 수많은 생물의 먹이가 되기도 한다. 모기 숫자가 이렇게 갑자기 줄어들면 생태계에 문제가 생기지 않을까? 혹은 모기를 퇴치하기 위해 얼마나 독한 살충제를 써야 할까? 모기가 전혀 발견되지 않도록 완전히 없애야 할까, 아니면 어느 숫자 이하로만 줄이거나 어떤 지역에서 모기가 보이지 않도록 하는 정도면 되는 것일까? 어떤 살충제가 얼마나 독하며 생태계에 어떤 부작용을 일으키는지는 어떤 방식으로 감지할 수 있을까? 이도 저도 아니면 모기를 그냥 내버려두고 수많은 사람들이 예전처럼 말라리아로 목숨을 잃도록 내버려두어야 할까?

이 모든 문제들을 생태계를 적절한 수준으로 보호하기 위해 같이 따져보아야 한다. "모든 생명을 존중해야 한다"는 말은 좋은 말이고 동시에 쉽게 할 수 있는 말이다. 그런데 그렇게 원칙을 이야기한 다음에는 현실에서 구체적으로 모기를 얼마나 어떻게 없앨지 정해가면서 생태계를 보호할지 알아내야 한다. 그렇게 하기 위해서는 구체적인 노력이 필요하며, 투자가 뒤따라야 한다. 나는 교육이라는 과정을 통해 그러한 노력의 범위와 투자의 중요성을 사람들의 마음속에 심어주는 일이 가능하다고 생각한다. 우리 사회의 생태 감수성 교육이 그 정도의 수준으로 진전될 때, 우리 사회는 생태계를 이해하기 위한 여러 방안에 어떤 정도의 투자가 이루어져야 하는지 적절한 합의가 쉽게 이뤄질 수 있다. "세상에 모기 입이 꽃꿀을 얼마나 잘 빨 수 있는지 따위를 연구하는 데 왜 세금을 투자해야 하는데?"라고 냉소하지 않고, 그런 노력이 생태계와 사람의 삶에 얽힌 중요한 문제를 해결하는 방법이라고 쉽게 이해할 수 있어야 한다. 그리고 그 토대 위에서 더욱 효과적으로 많은 변화를 일으킬 수 있는 생태계 보호와 복원이 이루어질 수 있을 것이다.

문명이 발전하며 과학기술이 발달하면 그에 따라 자연을 이해하는 우리의 수단도 같이 좋아진다. 이것이 과학기술의 발전과 자연생태계를 보호하는 일이 같이 진전될 수 있는 뿌리이다. 그리고 과학기술을 활용하는 동물인 사람의 활동 또한 그 생태계 속에서 이루어진다. 이 사실을 깊이 받아들이는 태도가 나는 생태계를 대하는 더욱 겸손하고 진지한 태도라고 본다.

만약 생태계를 이해하기 위한 노력을 무시하거나, 사람이 오랜 옛날부터 끊임없이 생태계 속에서 자연과 관계를 맺어왔던 사실까지 잊는다면 어떻게 될까? 대신에 그저 자연과 사람은 반대라는 식의 막연한 인상만 갖는다면 어떻게 될까? 그런 관점에서는 생태계 문제를 바라보는 태도가 뒤틀릴 수밖에 없다. 뒤틀린 태도로 문제를 바라보면, 사람이 없어져야 자연은 회복된다거나, 인류가 멸망해야 지구는 회복된다는 정도의 이야기에 머무르게 될지도 모른다. 이런 이야기들은 그저 사람이 벌이는 모든 활동을 반대할 수 있는 방안으로써 자연이라는 상징을 이용하는 것일 뿐이다.

나는 이런 이야기들이 오히려 사람이 생태계의 일부임을 부정하는 생각이라고 본다. "사람이 있는 이상 자연은 파괴될 수밖에 없다"는 말은 언뜻 생태계를 중시하는 주장같이 들릴 수 있지만, 그냥 "보통 사람들보다 나는 더 넓은 관점, 더 수준 높은 관점에서 세상을 본다"고 그저 자신을 자랑하기 위한 겉치레로 생태계를 들먹이는 일에 머무르는 것일지도 모른다. 좀더 심한 경우에는 사회 속의 경쟁에서 자신이 뒤떨어졌음을 견딜 수 없어하는 어느 누구인가가, 그 열등감을 감추기 위해 "사람은 모두 망해야 한다. 그래야 생태계를 구할 수 있다"고 저주하는 말로 굴러떨어질 수 있다.

생태계에 대한 그보다 깊은 이해는 누구인가를 공격하기 위한 수단이나 자신의 우월함을 내세우기 위한 방법 이상의 가치를 갖고 있는 일이다. 그렇기에 나는 자연에 대한 호감과 관심과 호기심 위에 고민을 얹어야 생태 감수성은 완성될 수 있다고 생각한다. 그것이 미래 시대에 우리에게 좀더 시급하게 필요한 교육의 과제다.

사랑스러운 생태계의 세세한 모습은 어떠하며
그것을 어떻게 더 정확히 알 수 있고
거기에 생긴 문제를 해결하기 위해
어떤 방법을 생각해볼 수 있는지를
따지는 일이 더해져야 한다.
즉, 생태계 문제는 그저
'그냥 착하게 살면 좋다'는
정도의 단순한 말 이상의 문제다.

Q. 다양한 몸들이 함께 어울리는
세계를 위한 길은 어디에 있을까?

숲을 만들고 함께 살기

김원영

공연창작자. 공연예술 단체 '프로젝트원영'의 대표로 있다. 변호사로서 국가인권위원회, 법무법인 덕수 등에서 일했다. 공연예술의 역사 속 장애인의 몸을 탐구하는 논픽션 『온전히 평등하고 지극히 차별적인』, 세상의 법정에서 실격을 선고당한 이들을 위한 변론서 『실격당한 자들을 위한 변론』 등을 썼다.

댄서들의 숲

영국의 안무가 애덤 벤저민Adam Benjamin은 이른바 '통합무용inclusive dance'의 선두주자인 캔두코 무용단Canduco dance company을 1992년 창단한 이래로, 여러 나라에서 무용교육(워크숍)과 공연 제작을 해왔다. 유럽과 아프리카, 아시아 등 세계 전역에서 그가 진행한 움직임 워크숍에는 눈동자의 움직임만으로 의사소통이 가능한 중증장애인부터 보조견helper dog과 함께 참여한 지체장애인, 10대 청소년, 60대 이상 어르신까지 다양한 신체적, 문화적, 사회적 차이를 가진 사람들이 참가했다.

2024년에는 대한민국장애인국제무용제가 애덤 벤저

민을 서울에 초대했다. 이때 진행한 워크숍에도 발달장
애인 무용수, 지체장애인 무용수가 참여했고, 나도 그
중 한 사람이었다. 40년 넘는 예술교육 현장 경험을 가
진 이 베테랑 안무가는 다양한 신체적, 정신적 조건을
가진 한국 무용수들과 효과적으로 의사소통을 했다. 내
가 목격한 작은 사례는 이렇다. 무대에서 즉흥으로 움
직이다 각자가 원할 때 원하는 방식으로 무대를 퇴장하
는 시간이었다. 그때 한 무용수가 매번 마지막까지 남
았다. 그에게는 자폐스펙트럼 장애가 있었다. 아마도
그 무용수에게는 자신이 마지막에 남아야 할 필연적인
동기가 있었을 것이다. 이 프로그램에서는 그런 선택이
전혀 문제가 아니었다. 하지만 장애인 무용수의 고유성
을 인정하는 것과 여러 사람에게 폭넓은 기회를 제공
한다는 의도가 조금 충돌했다. 애덤 벤저민은 그 무용
수가 마지막까지 남기를 반복하자 그에게 (통역을 거쳐)
말했다. "이번에 할 때는, 마지막에 무대에 남는 선택
지를 다른 사람에게 선물해보면 어떨까요? 당신이 그
걸 가지고 있으므로 이제 다른 사람에게 건네주는 겁니

다." 다시 그 프로그램이 시작되었고, 그 무용수는 마지막에서 두번째로 퇴장하기를 선택했다. 다른 이에게 그 역할을 선물한 것이다.

애덤 벤저민은 장애와 통합무용에 관한 선구적인 저작 『Making an Entrance』를 2001년 출간한 바 있는데, 코로나19 팬데믹이 한창이던 시기 개정판을 작업해 2022년 펴냈다. 새로 추가된 5장 '댄서들의 숲The Dancers' Forest'에서 그는 자신이 영국 문화원의 지원을 받아 해외 여러 지역에서 장애인/비장애인 참가자와 워크숍을 진행하며 얻은 문화교류 경험이 큰 가치를 지닌다면서도, 다른 중요한 가치를 간과한 것이기도 하다고 털어놓는다. 너무 먼 거리를 자주 항공기로 이동하며 영국 문화산업의 막대한 탄소 배출에 기여했다는 것이다.[1] 그는 해외 이동을 줄이고 런던 근교를 시작으로 '댄서들의 숲'을 조성하는 일에 착수했다. 이 작은 숲은 대기 중 탄소를 흡수할 것이고, 예술가들이 스튜디오 안에 머무

---

1   Adam Benjamin, *Making an Enterance(2ed)*, Routledge, 2022, p.26.

는 대신 자연 한가운데서 몸을 움직일 기회를 제공한다. 이 숲은 휠체어를 이용하는 사람도 안쪽으로 들어갈 수 있도록 접근성을 고려해 조성한다. 그는 "통합무용의 원칙들, 즉 다양성, 연결, 상호의존은 자연의 복잡한 생태계에 대하여도 동일하게 적용"된다고 강조한다.[2]

다양성을 가꾸는 예술과 소비하는 예술 사이에서

프랑스 출신의 세계적인 안무가 제롬 벨은 2015년 무렵부터 항공기를 통한 여행을 아예 거부하는 것으로 유명하다. 막대한 탄소 배출에 가담하지 않겠다는 것이다. 유럽에서 항공기를 타지 않고는 이동하기 어려운 지역, 이를테면 한국에 제롬 벨은 오지 않는다. 그럼에도 그의 작품은 세계에서 수백 회 넘게, 한국에서만도

2   앞의 책, p.28.

여러 차례 공연되었다. 현지 공연자와 스태프를 섭외하여 작품을 외주화하는 식으로 제작하기 때문이다. 2020년 서울국제공연예술제 무대에 오른 작품 〈갈라〉도 마찬가지였다. 한국 연출가와 공연자를 섭외한 후 제롬 벨은 이 공연을 어떻게 제작하고 무대화해야 하는지에 대한 여러 지침과 스코어를 '전송'했다. 코로나19 팬데믹으로 사람들 간 접촉과 교류가 제한되었을 때 제롬 벨의 공연 제작 방식은 주목을 받았다.

공연 〈갈라〉에는 다양한 몸이 출연한다. 전문 무용수나 배우도 있고, 공연 경험이 없는 사람도 있다. 휠체어를 탄 지체장애인, 다운증후군이 있는 공연자도 등장한다. 제롬 벨은 이들에게 세부적인 안무를 지시하지 않는다. 각 공연자는 자신의 개성을 드러내며 자유롭게 무대 위에서 자신을 표현할 수 있다. 이 공연 무대는 '다양성'으로 넘쳐나고 권위적인 안무가는 없다(제롬 벨 본인은 온라인으로도 거의 모습을 드러내지 않는다). 이 공연은 "다양한 사회경제적 범주의 출연자들을 무대에 세움으로써 우리 사회의 공동체를 재현하고 더 나아가 극장을 민주적인 수단으로 제시하고자"[3] 하면서도, 세계를 비행기로 돌아다니는 공연 팀이 없기에 팬데믹과 기후위기 시대에 적합한 작업처럼 보인다.

연구자 최기섭은 제롬 벨의 공연이 작동하는 방식을 분석한 글에서 그가 극장을 '민주적'으로 만들기 위해 공연자들의 연령대, 정체성을 촘촘하게 목록화해 지시한다는 점에 주목한다. '휠체어를 타는 사람'을 한 명 꼭 포함할 것. '다운증후군' 공연자를 포함할 것. '퀴어' 출연자를 포함하되 그 출연자는 보깅voguing이라는, 1970년대 뉴욕 LGBT 커뮤니티에서 발전하고 수행된 춤을 출 수 있을 것 등 조건이 따라붙는다. 제롬 벨의 공연은 '다양성'을 위한 명료한 가이드를 먼 지역의 예술가들에게 '명령'한다.[4] 최기섭은 이러한 제롬 벨의 제

---

3   최기섭, 「뉴노멀 시대 모빌리티 매체로서의 스코어를 통한 동시대 안무적 실천에 관한 연구: 춤의 역량 회복을 중심으로」, 『美學(미학)』 제88권 제2호, 2022, 186쪽.

4   제롬 벨 공연의 연출을 맡은 한국의 연출가 김윤진은 이 방식이 현지의 사정에 대한 고려 없이 위계적으로 강요되었다며 비판한 바 있다. 김윤진 발제 '포스트 팬데믹 시대의 국제이동성/유통의 새로운 담론과 기준: 제롬 벨의 <갈라> 사례를 통해 본 국제협업의 윤리', 2021. 서울아트마켓 에어 밋. 최기섭, 앞의 글 188쪽에서 재인용.

작 형식이 개개인의 정체성을 아웃소싱으로 판매하는 "글로벌 자본주의의 기업경영 모델"과 다르지 않다고 지적한다.[5]

이 작품에 관한 논의에서, 우리는 누군가가 (멀찍이 서) 타인을 향해 "어떠어떠한 형식으로 다양해질 것"이라는 지시를 내릴 때 직면하는 한계를 본다. '다양성'을 위한 몇 가지 목록화된 지식이 외부에서 부과되면, 그 공동체 안에서 살아가던 개개인은 불현듯 '소수자'라는 존재의 속성으로만 환원될 위험에 놓인다. 구체적인 현실 사례로 학교와 직장 등에서 이뤄지는 장애인 인식 개선 교육을 떠올려보자.[6] 이 교육과정은 장애에 대해 가지고 있던 대중의 선입견을 완화하는 데 도움이 될 수 있다. 하지만 교육 현장에서 강사가 자신은 교육 대상인 청중과 거리를 둔 채, '장애'라는 속성에만 초점을

---

5 최기섭, 앞의 글, 187쪽.
6 '장애인복지법' 제25조에 따라 초중고등학교와 대학교, 공공기관의 장은 구성원들을 대상으로 장애인 인식 개선 교육을 매년 시행해야 한다. 또한 '장애인고용촉진 및 직업재활법' 제5조의 2에 따라 사업주는 직장 내 장애인 인식 개선 교육을 시행하여야 한다.

맞추고 그 속성에 대한 일반적인 지식을 전달하려 한다면 어떨까? 이를테면 강사는 말한다. "여러분, 장애인은 다른 능력이 있는 사람일 뿐입니다. 장애에는 지체장애, 시각장애, 청각장애가 있고…… 청각장애가 있는 사람을 만나면 입 모양을 정확히 보여서 말하시고……" 여기서 '장애'란 특정한 정보의 집합이다. 이때, 청중 가운데 장애인 당사자가 있다면 어떨까? 그는 강사가 교육하는 (장애인을 대해야 할) '여러분'에 포함되지 않는 어색한 상황에 놓인다. 그는 같은 반 친구 A이고, 직장 동료 B였는데, 갑자기 어떤 정보의 나열로 환원되는 역할('지체장애인')의 수행자가 된다. 강사는 교육이 끝나면 자리를 떠날 테고, 그가 남겨준 '지시 사항'들이 이 공동체에 남겨질 것이다.

애덤 벤저민이 무대의 마지막 자리를 지키려는 자폐스펙트럼 장애인 무용수에게 '마지막 자리를 누군가에게 선물해보라'고 제안할 수 있었던 건 그가 장애인을 대하는 매뉴얼을 터득해서가 아니다. 다양성교육 또는 장애인 인식 개선 교육은 "발달장애인은 자신이 집

착하는 어떤 장소를 절대로 떠나지 않으려 하므로 그
것을 존중해야 한다"고 가르칠 수 있다. 하지만 각기 다
른 우리 모두가 함께 살기 위해 필요한 역량은 그런 형
태의 지식으로 배우기 어렵다. 애덤은 무엇보다 그 무
용수 '개인'을 알았다. 워크숍이 진행되는 수일 동안 두
사람은 같이 차를 마시고, 아침에 안부를 묻고, 여러 시
간 춤을 추며 서로에 대한 지식과 믿음을 지녔다. 그들
은 하나의 공동체 안에 있었다.

다양하고 낯선 타자들과
함께 살아가는 역량

2020년 팬데믹 이후 우리는 사람 간 물리적인 접촉
이 위험으로 여겨지는 시대를 산다. 디지털 인프라의
급속한 발전은 비대면으로도 우리가 협력할 수 있는 다
양한 길을 열었다. 한편 우리는 다양성을 소중한 가치
로 여기며 각기 다른 사람들이 섞여 살아가는 사회를

만들려는 노력을 전개해왔다.[7] 글로벌 OTT 플랫폼에 공개되는 영화나 드라마에는 다양한 인종이 등장하고, 성소수자와 장애인의 역사를 다룬 다큐멘터리도 적지 않다. 공공기관이나 학교 등은 다양성 위원회를 운영하고 정부와 지역 문화재단들은 문화다양성 실태조사를 실시한다. 유튜브에는 장애인 인플루언서가 수십만의 구독자들에게 자신의 여행담과 일상의 차별 경험을 공유한다. 우리는 과거에 비해 '다양성'에 관한 무수한 정보들, '콘텐츠'들이 쏟아지는 사회를 살아간다. 그러나 이 다양한 존재들은 같은 공동체를 이루며 살아가는 구성원인가?[8]

예술가들은 수십 년 전부터(한국 사회를 기준으로 대략 20여 년 전부터) 모종의 공동체를 온라인이 아닌 오프라인에서 만드는 실험을 해왔다. 공연장이나 전시장 밖으

---

7   2005년 유네스코 총회는 문화적 표현의 다양성 보호와 증진에 관한 협약 Convention on the Protection and Promotion of the Diversity of Cultural Expressions을 체결했다. 이 무렵부터 한국 정부도 점차 증가하는 이주민과 그 2세들을 위한 다문화교육을 공교육의 주요 목표로 설정했다. 2010년대 이후 '다문화교육'은 인권교육, 인식개선교육 등으로 점차 확장했다. 2020년에는 '문화다양성의 보호와 증진에 관한 법률'이 시행되었다.

로 나가 복지관, 학교, 장애인 야학, 재래시장, 재난 현장으로 찾아간 사람들이 있다. 장르 간 구별도 전문가와 비전문가의 구별도 없는, 현장의 즉흥성과 우연성에 개방적인 이 예술적 실천들은 '퍼포먼스 아트' 또는 '다원예술'이라는 이름으로 불린다. 예술가들은 시장의 상인들과 합창단을 조직하고, 지역의 발달장애인과 장기간 협업하며 춤을 만들고, 철거 현장 한가운데 거주하며 미술작품을 만들었다.[9] 애덤 벤저민이 조성하는 '댄서들의 숲' 역시 오프라인 공동체를 만드는 시도다. 기후 위기 시대 먼 곳으로 다양성을 외주화하는 대신 다양한 몸들이 함께 어울리는 삶을 모색한다.

앞으로 다가올 미래에 우리가 다양성을 일련의 정보

[8] 많은 콘텐츠의 주 소비층은 20~50대이지만, 공연의 경우 연령별 차이가 더 크다. 이것은 다른 연령대의 사람들이 하나의 물리적 공간('공연장')에 모이는 일이 얼마나 드문지를 보이는 지표가 아닐까? 한국에서 공연을 관람하는 주요 계층은 20~40대인데, 60대 이상은 3.6퍼센트에 불과하다(KOPIS, 「빅데이터 기반 공연 관람 행태 분석」, 『월간공연전산망』 2024년 6월호). 대중 트로트 가수의 공연이 연일 매진을 거듭한다는 소식에도 불구하고 그렇다. 한국의 공연장에서 나이가 지긋한 관객을 보기는 쉽지 않다.

[9] 국내 작가들의 퍼포먼스 아트 사례들과 예술교육 정책의 연관성에 대하여는 다음의 글을 참조하라. 고윤정, 「퍼포먼스 아트 중심의 통합예술교육 실천 사례」, 서울대학교 사범대학 협동과정 미술교육전공 박사학위논문, 2023.

나 상품으로서가 아닌, 삶의 일부로 받아들이려 한다면
이러한 실천이 더욱 활발해져야 하지 않을까? 시장 상
인들과 춤을 추고 지역사회를 돌아다니며 수거한 플라
스틱 쓰레기로 발달장애인 작가들과 미술작품을 만드
는 시도들은, 2025년 특별히 기발한 시도가 아니며, 실
용적이지도 미학적이지도 않다고 생각될 수 있다. 그
것은 각종 문화예술(교육) 지원사업에서 요구하는 '파
급력'과 '환류'의 가능성 측면에서도 사소해 보인다. 그
러나 미래 한국 사회에서 더 심화할 변화를 보라. 기후
위기, 이념적, 정치적 분열을 피할 길이 보이지 않는다.
사람들은 디지털 알고리즘에 따라 세분화된 취향과 정
체성으로 더욱 나뉠 것이다. 그 취향과 정체성에 호
소하는 무수한 '상품'들이 주의를 끌기 위해 경쟁할 것
이다. 눈에 띄는 특성을 가진 장애인의 몸이나 재난을
겪은 피해자의 얼굴이 1분짜리 동영상 밈 콘텐츠로 올
라와 계정 주인의 수익을 창출한다.

휠체어가 접근할 수 있는 숲을 가꾸는 일. 노인과 자
폐스펙트럼에 있는 사람과 이주민의 자녀가 춤을 배우

고 그림을 그리고 수영장에 함께 가는 일은, '콘텐츠'가 되기를 거부하고 삶을 만들어내기 위한 시간과 노력을 쏟을 때 비로소 가능하다. 그것은 하나의 공동체에 적극적으로 소속되어야만 가능한 실천이다. 순식간에 먼 곳으로 전파되거나 복제되지 않지만, 수만 명의 구독자를 대상으로 할 수도 없지만, 다양성에 관한 교육이란 다양한 존재들이 함께 삶을 살아내는 시간 그 자체다.

우리는 과거에 비해
'다양성'에 관한 무수한 정보들,
'콘텐츠'들이 쏟아지는 사회를 살아간다.
그러나 이 다양한 존재들은
같은 공동체를 이루며
살아가는 구성원인가?

깊은 공감에서 넓은 공감으로

장대익

가천대학교 스타트업칼리지 석좌교수로, 과학과 인문학의 경계에서 공감과 소통을 바탕으로 새로운 교양의 기준을 제시하는 진화학자이자 과학철학자다. '인문적 과학'과 '과학적 인문학'의 새로운 길을 놓기 위해 노력하고 있다. 지은 책으로 『공감의 반경』『다윈의 식탁』『사회성이 고민입니다』등이 있고, 『궁극의 질문들』『종교 전쟁』등의 책을 함께 썼다. 『통섭』등의 책을 우리말로 함께 옮겼다. 2010년 제11회 대한민국 과학문화상을 받았다.

40억 년의 생명의 역사는 멸절의 역사다. 지구에 태어나 호흡했던 다양한 종 가운데 지금까지 명맥을 이은 종은 크게 잡아도 10퍼센트 미만이다. 9할 이상이 사라졌다. 그래서 멸절은 규칙이다.

호모사피엔스는 20만 년 전쯤에 탄생한 갓 난 종이긴 하지만, 인간 개인이 150년을 살지 못하고 흙으로 돌아가듯이, 언젠가는 종착점에 다다를 것이다. 인류가 멸절한다는 것은 사피엔스의 문명도 사라질 것이라는 사실을 의미한다. 그리고 오늘날 인류가 저지른 여러 실책으로 문명의 위기는 더욱 가속화되고 있다.

이런 큰 그림을 생각해보면 인생이 참 부질없어 보인다. 인류의 운명에 대한 집착도 잠시 내려놓을 수 있게 된다. 하지만 문명은 지구상에서 단일 종이 만들어낸 유일무이한 발명품으로 독특한 가치를 지닌다. 사실 사피엔스는 이 문명의 힘으로 지구의 정복자가 되었다. 풍요로운 삶의 양식과 문화, 예술, 학문을 창조해내는 토대인 문명은 절대로 포기할 수 없는 것이다. 우리는 다시금 멸절이라는 운명에 순응하기를 거부하고 새롭게 문명을 재건해야 한다.

대체 인류는 어쩌다 이런 독특한 기로에 서 있게 됐을까? 이 글은 문명의 정신적 토대요, 원동력이지만, 문명 붕괴의 원흉으로 비화될 수 있는 한 야누스, 공감에 대한 짧은 이야기다.

양극화와 공감

5년 전, 봉준호 감독의 영화 〈기생충〉은 칸 국제 영화

제의 황금종려상에 이어 미국 아카데미상의 4개 부문을 석권함으로써 명실공히 2019년 전 세계 최고의 영화로 등극했다. 이 영화는 반지하에 사는 한 가난한 가족(기택이네)이 대저택에 사는 한 부유한 가족(박사장네)에 기생하는 과정을 그린 충격과 반전의 드라마다.

이 영화 전체에서 가장 인상 깊은 장면 중 하나는 이른바 '선을 넘는 냄새'에 관한 장면일 것이다. 기택이네는 박사장의 대저택과 외제차에 기상천외한 방식으로 침투했지만 그들의 몸에 밴 반지하의 전 내는 어찌할 수 없었다. 계층 고유의 냄새는 서로 섞여 중화되지 않기 때문이다(코를 막지 않는 이상 냄새를 어찌할 수는 없지 않은가!). 결코 악인이라고 할 수도 없는 박사장은 이 계층의 냄새에 혐오 반응을 일으켜 역겨운 표정을 지었고, 이를 본 기택은 충동적으로 격분한다. 박사장이 드러낸 이런 원초적 혐오는 타인이나 타 집단을 향한 공감의 길을 가로막고 관심의 범위를 자기 자신과 내집단內集團(자기 집단)에게로만 한정하게끔 작동한다. 봉감독과 배우들은 코믹과 호러의 장르를 오가며 이 메커니

즘의 작동을 오싹하게 보여줬다. 이런 의미에서 〈기생충〉은 빈부 격차와 서로 공감하지 못하는 계급 문제를 냄새로 풀어낸 매우 독창적 영화라 할 만하다.

사실상 부의 불균형과 그로 인한 사회적 갈등은 전 세계의 보편 현상이다. 예컨대 전 세계 상위 1퍼센트는 나머지 69억 명이 보유한 재산의 두 배 이상을 소유하고 있다. 심지어 세계에서 가장 부유한 22명의 남성은 아프리카 전체 여성보다 더 많은 부유를 보유하고 있다. 반면 1만 달러 미만을 보유한 성인은 전 세계 인구의 대략 60퍼센트로, 이들이 보유한 부의 총액은 전 세계 부의 2퍼센트도 안 된다. 이러한 부의 양극화는 자본주의의 가장 큰 난제다. 아직도 세계의 절반이 굶주리고 있는 이유가 부의 이런 불균형 때문이라는 사실은 더이상 비밀이 아니다. 부의 양극화 문제는 절대적으로 부족한 자금의 문제라기보다 충분히 발휘되지 않는 공감의 문제일 수 있다.

공감이 필요한 영역이 부의 불평등만은 아니다. 공감의 대상이 개인으로만 한정되지도 않는다. 에너지 불평

등과 기후위기 문제는 사회적 차원의 공감을 요구하는
영역이다. 전 세계는 에너지 사용량의 관점에서 '1 대
50'인 양극화 사회라 할 수 있다. 이는 이산화탄소 배출
량 면에서 전 세계 인구의 2퍼센트에 해당하는 사람이
98퍼센트의 에너지를 독점하고 있는 현실을 일컫는
말이다. 현재 중국과 미국은 이산화탄소 배출량 세계
1, 2위인데 그들이 배출한 양이 전체의 43.2퍼센트를
차지하고 있다. 거기에 유럽을 합치면 전체의 57.3퍼센
트에 해당하고, 한국을 비롯한 배출량 상위 10위 국가
의 총 배출량은 전 세계 66.7퍼센트에 이른다. 나머지
220개 국가가 33.3퍼센트를 나눠 쓰고 있다. 놀랍게도
전 세계 인구 중 10억 명 정도가 아직도 전기를 사용하
지 못하고 있으며, 30억 명이 조리에 필요한 깨끗한 연
료와 기술 혜택을 충분히 누리지 못한 채 실내공기 오
염에 노출돼 있다고 한다. 한마디로 몇몇 국가들이 에
너지를 독점하고 있다는 말이다.

그러나 에너지 빈국에게 우리와 같은 에너지 사용
을 권장하는 것도 대안이 되기 힘들다. 지구의 에너지

자원은 한정되어 있기 때문이다. 만일 에너지 빈국의 30억 명이 오늘부터 당장 미국인처럼 에너지를 사용하게 된다면 지구는 100년도 못 버틸 수도 있다. 그래서 많은 사람들이 에너지 불균형 문제를 해결하는 길은 더 많은 에너지가 아니라 기존 에너지의 재분배와 공유라고 말한다. 생존을 위한 필수 에너지조차 쓰지 못하는 많은 이들의 고통을 이해하고 개선해주려는 마음, 즉 배려와 공감이야말로 에너지 재분배와 공유로 가는 첫 단추일 것이다.

에너지 사용과 맞물려 있는 기후변화 문제는 피해가 고스란히 제3세계의 몫이고 장기적이라는 면에서 더욱 심각하다. 경제개발센터Center for Global Development의 기후변화 취약성 지도를 보면 기후변화에 가장 취약한 지역은 동남아시아, 남아시아, 아프리카, 남미에 집중되어 있다. 대부분이 온실가스를 거의 배출하지 않는 제3세계 국가들이다. 게다가 기후변화 때문에 생긴 모든 문제는 앞으로 남은 세대가 고스란히 떠안아야 하므로 기후위기는 에너지 양극화 문제보다 더 부당하고 장기적이며 치명적이다. 한마디로 '현세대가 즐기고 다음 세대가 (그것 때문에) 고생하는 격'이다. 작금의 기후변동이 인류 전체에게 가장 심각한 위기임을 목놓아 부르짖어도 파티를 멈추지 않는 이유는 우리가 다음 세대가 받을 고통에 대해 제대로 인식하지 못하기 때문이다.

공감의 반경

그렇다면 우리가 지금보다 '더 깊이' 공감하면 문제가 해결될까? 그렇지 않다. 공감은 만능열쇠가 아니다. 오히려 공감을 너무 깊이 하면 갈등이 더 심화될 수 있다. 전 세계적으로 벌어지는 사회적 갈등을 살펴보자. 그건 한마디로 타 집단에 대한 공감의 결핍이면서 동시에 내집단에 대한 공감의 과잉이라 할 수 있다. 공감은 일종의 인지 및 감정을 소비하는 자원이므로 무한정 끌어다 쓸 수 없다. 따라서 자기가 속해 있는 집단—그것이 종교적 집단이든 정치적 집단이든, 아니면 혈

연, 지연이든—에 대해 공감을 과하게 소비하면 다른 집단에 대해 소비할 공감이 부족해진다. 즉, 자기 집단에만 깊이 공감하는 일이 발생하는 것이다. 이런 맥락에서 전 세계에서 계속 심화되고 있는 정치적 양극화 현상의 중요한 원인은 내집단에 대한 공감 과잉일 가능성이 높다.

내집단에 대한 지나친 공감이 오히려 갈등을 부추긴다는 사실, 우리는 이것을 '공감의 역설', 또는 '공감의 두 얼굴'이라고 부를 수 있을 것이다. 이런 현상을 이해하려면 먼저 공감이 무엇이냐는 근본적인 질문부터 던져야 한다. 이 물음에 대한 답은, 조금 과장하자면, 그동안 연구자의 수만큼 다양했다. 그중에서 공감을 '상상력을 발휘해 다른 사람의 처지에 서보고, 다른 사람의 느낌과 시각을 이해하며, 그렇게 이해한 내용을 활용해 행동 지침으로 삼는 기술'로 규정하려는 시도들이 있는데, 이런 정의가 공감의 여러 측면을 포괄한다는 측면에서 적절하다고 할 수 있다.

이에 따르면 공감은 적어도 정서적 공감, 인지적 공

감 두 유형으로 나뉜다. 정서적 공감이란 쉽게 말해 감정이입感情移入이다. 즉, 타인의 감정을 함께 느끼는 상태라고 할 수 있다. 인지적 공감은 타인의 관점(입장, 생각)을 이해하는 능력으로 역지사지易地思之에 알맞은 표현이다. 즉, 정서적 공감은 깊은 공감이라면 인지적 공감은 넓은 공감이라고 할 수 있다. 인간은 이 두 가지 공감력을 바탕으로 서로 협력하고 타인을 배려하며 함께 문명을 건설해왔다.

인류의 진화사 전체를 펼쳐놓으면 정서적 공감과 인지적 공감의 차이를 조금 더 명확히 이해할 수 있다. 인류는 점진적으로 공감이 미치는 넓이를 확장해왔으므로 문명의 방향은 인지적 공감과 같은 방향이었다. 호모사피엔스는 지구상에서 문명을 이룩한 유일한 종이다. 인간 문명은 수많은 전쟁과 평화의 산물이다. 인류는 자원을 둘러싸고 전쟁을 벌이며 타자에 대한 증오를 증폭시키기도 했지만, 이성적인 판단으로 공감의 넓이를 확장하면서 타자(타 집단)와의 공존과 평화를 구축해왔다. 과학기술이 문명의 물질적 조건이라면, 공감력은 가히 문명의 정신적 조건이라 할 만하다. 왜냐하면 타자/타 집단에 대한 공감이 없었다면 집단적 성취인 문명은 축적될 수 없기 때문이다. 이런 맥락에서 다른 영장류들이 갖지 못한 탁월한 공감력은 호모사피엔스의 핵심 징표 중 하나이다.

하버드대학교의 심리학자 스티븐 핑커는 『우리 본성의 선한 천사』에서 역사 이래로 인간의 폭력이 점점 감소하고 있는 증거들을 내놓았다. 그는 인구 10만 명당 폭력에 의한 희생자의 수를 비교하는 방식으로 폭력 감소의 추세를 입증하려 했다. 그에 따르면, 이런 감소 추세가 이상하게 느껴지는 것은 폭력에 대한 문제의식이 증가했고 미디어 환경이 전쟁을 생중계하듯 하기 때문에 생겨난 착시현상일 뿐이다. 거기서 그는 사회적 계약의 탄생, 공감력의 증진, 그리고 이성의 발현이 폭력을 감소시켜온 주요 동인이었다고 주장한다.

프린스턴대학교의 응용윤리학자 피터 싱어도 『사회생물학과 윤리』라는 책에서 인류가 역사를 거듭하면서 자기와 비슷한 존재로 봐줄 대상의 범위를 점점 더 확장해왔다고 주장했다. 반려동물은 또하나의 가족이 되고 있다.

즉 호모사피엔스의 특별한 공감력이란 공감할 수 있는 대상을 점점 넓힐 수 있다는 것이다. 나는 『공감의 반경』에서 내집단 편향을 만드는 깊은 공감을 바깥쪽에서 안쪽으로 향하는 힘으로 보아 공감의 '구심력'으로, 타 집단을 고려하는 넓은 공감을 안쪽에서 바깥쪽으로 향하는 힘으로 보아 공감의 '원심력'으로 비유했다. 또한 현재 인류가 맞닥뜨린 문명의 위기를 해결하는 정신적 토대를 만들기 위해서는 공감이 미치는 반경을 넓혀야 한다고, 즉 공감의 구심력보다는 원심력을 만들어야 한다고 주장했다. 우리에게 필요한 새로운 공감은 깊은 공감이 아니라 넓은 공감이다.

그렇다면 공감의 반경은 얼마나 더 넓어질 수 있을까? 과연 인류 내에서 '우리/그들'의 이분법이 사라질까? 남성 대 여성, 고용인 대 피고용인, 백인 대 흑인, 이성애자 대 동성애자, 노인 대 청년, 남한 사람 대 북한 사람을 나누고, 타자가 속한 외집단의 고통에는 아랑곳하지 않는(때로 그것을 즐기는) 우리의 내집단 편향성은 과연 교정될 수 있을까? 그리고 마침내 공감의 반경이 보편적 인류애를 넘어, 다른 동물의 세계로까지, 심지어 로봇이나 외계 존재에까지도 확장될 수 있을까? 또 교육을 통해 공감의 원심력을 키울 수 있을까? 이런 질문에 답하기 위해서는 문제의 원인이며 동시에 해결책이기도 한 공감의 문제에 더 깊은 이해가 필요하다.

멸망 과정에서
민주주의는 무엇을 할 것인가?

김현수

명지병원 정신건강의학과 임상교수. 사단법인 '별의 친구들'
대표. '성장학교 별' 교장. 대한민국 청소년과 청년 문제, 트라
우마와 자살 예방, 기후 정신건강 등 사회적 정신건강 이슈의
전선에 서 있는 정신과 전문의이다. 우리 사회에서 일어나는
마음의 상처에 발언하고 통역하고 공감대를 이루고자 하는
노력을 하고 있다. 지은 책으로 『괴물 부모의 탄생』『사춘기
마음을 통역해드립니다』『기후 상처』『공부 상처』『교사 상
처』 등이 있다.

산불, 그리고 멈춰선 교육,
무슨 수업을 해야 하는가?

미국 LA 산불은 2025년 기후위기의 서막을 알리는 계기가 되고 있다. 미국 최고의 도시, 할리우드가 있는 인류 영화 문화의 도시인 LA의 4분의 1이 잿더미가 되었다. 지구 열대화로 인한 가뭄과 폭염으로 마른 숲 속에 작은 불씨 하나만 불붙어도 화마는 도시를 다 뒤덮을 수 있다는 공포가 전해졌다. 1만여 채 이상의 주택이 전소되고 수만 명의 이재민이 발생했다. 하루아침에 사람들은 집과 삶과 그리고 자신의 정체성을 잃었다. 학교마다 위로의 푯말과 애도의 캠페인을 벌이고 있지만 산불 공포, 잿더미 공포, 그리고 재가 바람에 날리며 마치 악마의 기운을 퍼뜨리는 것 같은 불안한 재앙의 분위기는 쉽사리 사람들의 마음을 가라앉히지 못하고 있다고 한다. 이 순간에 학교는 무엇을 가르치고 있을까? 국어, 영어, 수학 진도를 나가고 있을까?

해마다 산불과 홍수, 가뭄과 폭염 등의 기후위기에 따른 인류의 재해 위기는 그 빈도가 점차 높아지고 있다. 한국의 기후위기는 더 심각하지만 아무도 그 위기를 걱정하고 대처하지 않고 있다. 우리는 기후 악당 국가이며 기후에 대한 무지 속에서 그에 대한 교육, 학습이 이루어지고 있지 않은 나라이다.

청소년들의 최고 관심사인 기후변화, 그러나 배울 곳이 없다

2022년 구글이 발표한 청소년들의 검색어 순위 1위는 기후변화였다.[1] 2024년 ChatGPT를 통해 파악한 국내 청소년 검색어 순위 5위 내에 기후변화가 포함되어 있다.[2] 미래에 대한 청소년들의 관심 중 기후변화가 차지하는 순위는 최상위에 해당하지만 기후변화에 대해 이야기해주는 어른과 학교는 매우 제한적이고, 그들의 관심에 등을 돌리고 있다. 우리나라의 다른 교육 현실과 마찬가지로 학생의 필요, 욕구, 관심에 학교교육이 부응하지 못한 역사는 길고 깊다. 입시와 경쟁에 기초한 교육에 매달리는 중고등학교 교육의 위기는 기후 교육을 외면하고 있다. 교육 당국과 사회 분위기가 정말로 심각하게 위기이다. 기후 악당 한국의 또다른 모습은 기후 교육 악당이다.

현 정부의 교육 당국의 기후에 대한 교육과 학습 기회는 세계의 추세와 더 멀리 떨어지고 있다. 환경 수업과 환경 교사는 현재 전국적으로 거의 최악 상태이다. 기후도 위기이지만 기후변화에 대한 교육 자체가 위기이기도 하다. 환경 교육의 교사는 5천만 인구 국

---

1   김윤주 기자, '우영우 · 월드컵 제친 '기후변화'… 올해의 검색어 1위 된 이유', 한겨레, 2022년 12월 15일.
2   장세민 기자, '[챗GPT가 본 2024] 국내 청소년이 가장 많이 검색한 트렌드 톱 5', AI타임스, 2024년 12월 27일.

가에 50명이 안 되는 현실이다.[3] 환경이라는 과목을 통해 기후 관련 교육을 받을 수 있는 학교는 전국 중고교 5600여 개 중 850여 개에 불과하다.

무엇이 학생들이 배워야 할 현실과 관련된 지식, 그리고 진실인가에 대해 우리는 여전히 마치 눈을 가리고 사는 상황처럼 괴리가 크다. 미래 세대가 배워야 할 것은 무엇인가에 대한 국가의 고민은 길을 잃고 있다.

기후위기 시대, 미래가 배우는 방식 —
우리의 삶에 필요한 교육

지역사회와 함께하는 배움

호주 유니세프 위원회는 기후 재난을 경험한 청소년들이 학교를 마치지 못하는 비율이 치솟았다고 발표했

---

3   주현웅 기자, '"정부, 기후위기 대응 의지 없다는 뜻" 유명무실한 '환경교육' 현주소', 일요신문, 2024년 6월 5일.

다.[4] 기후 불안과 기후 관련 정신건강 문제도 늘어나 호주 청소년 140만여 명이 기후와 관련된 심리적 고통을 갖고 있는데, 특히 이중에는 호주의 2019~2020년 산불 영향이 크다고 한다. 이때 호주 산불로 인해 한반도만한 면적이 타들어갔다고 한다.

그래서 호주 청소년들의 기후에 관한 시위는 전국적으로 조직되었고, 호주 정부는 모든 어린이와 청소년을 위한 다양한 환경과 기후 관련 교육을 더 본격적으로 제공하기 시작했다고 한다. 그중 세계적으로 알려진 프로그램 중 하나가 호주 박물관이 환경교육을 제공하는 교육장으로 활용되는 〈Changing Climate〉이다. 박물관과 학교가 결합하여 환경에 대한 담론, 경험 그리고 토론을 조직하는 프로그램이다.

학교와 지역사회가 협력하여 사회적 공동 의제에 대한 배움의 자리를 만들어가고자 하는 노력이 더 확대되어야 한다.

---

4 '"기후재난이 청소년 교육, 정신건강, 수입 악화"', 코리안라이프, 2024년 2월 26일.

마음에 대한 교육과정의 혁신

코로나 팬데믹 이후 미국 정부에서도 가장 크게 늘어난 예산은 '사회 정서 학습' 분야라고 한다. 연방정부와 주정부들이 가장 주목한 부분은 학생들의 정신건강이었고, 학생들이 다양한 사회·정서적 어려움을 이야기하고 배우고 다루어나갈 수 있도록 지원하고 있다고 한다.

OECD 가입 국가들의 코로나 팬데믹 이후 아동 청소년 정신건강은 거의 최악 상태이다. 최근에 발행된 조너선 하이트의 『불안 세대』에 인용된 자료에 의하면 미국, 영국, 그리고 호주 등 영어권 나라들의 청소년은 불안, 우울, 자해 등의 모든 지표가 현재 최악의 상태이다.[5] 이 최악의 정서 상태에 대한 교육 당국의 해법 또한 '사회 정서 학습'이다. 사회 정서 학습은 유네스코에서도 미래 교육 방향에 중요한 중점 과제였다.

사회 정서 학습의 선도 국가라고 불리는 덴마크는 학

---

5   양선아 기자, '스마트폰·SNS에 망가진 아동기… 불안·우울증 대폭 늘었다',
     한겨레, 2024년 8월 9일.

교가 일찍부터 감정과 인지, 마음의 상태에 접근하는
작업을 시작했다. 덴마크 학교는 매일 아침마다 학생
들의 감정을 공유하고 이야기 나누고 하루를 시작하는
CAT^{Cognitive Affective Training}라는 프로그램을 도입한 지
오래다. 이들은 공감의 중요성을 일찍부터 알고 학생들
에게 감정을 가르치는 수업을 도입했다.[6]

멸망 과정에서 민주주의는 무엇을 할 것인가?

재난과 혼란, 그리고 지구가 파괴되고 있는 다양한
사회적 현상에 대해 일부 학자들은 이미 사회적 붕괴가
시작되었다고 진단했고, 엘리자베스 콜버트라는 저널
리스트는 지구상의 새로운 멸종 과정, 여섯번째 대멸종
과정이 시작되었다고 말한다.

그리고 젬 벤델이라는 교수이자 시민운동가는 망해
가는 지구 사회에 적응하기 위해서 필요한 것이 무엇
인가를 논의했던 프로젝트 보고서 『심층적응』을 출판

---

6   https://cat-kit.com/en-gb/

했다. 멸망해가는 지구라는 의제하에 그 멸망을 늦추기 위한 사회, 심리, 교육적 측면에서의 논의들이다. 이들은 네 개의 R을 이야기한다. 우리가 지키고자 하는 것을 지킬 수 있는 회복탄력성Resilience, 복원이 가능한 것은 복원할 수 있는 복원력Restoration, 지구의 멸망을 늦추기 위해 포기할 것은 과감히 포기하는 힘Relinquishment 그리고 끝으로 여러 세력들 간의 타협Reconciliation을 통해 평화를 만드는 힘이 그것이다.[7] 어쩌면 지금 가장 먼저 소멸될 민족으로 이야기되고 있는 우리에게 필요한 힘이 이 네 가지 힘일 것이기도 하다. 그렇다면 교육은 바로 이 힘을 기르는 논의를 의제로 시급히 제안되어야 하지 않을까?

미래 세대가 예측하기 어렵고 지도 밖으로 벗어나고 있는 이 지구상에서 그래도 더 평화롭고 기대 가능하게 살아가기 위해서는 사회적 논의를 할 수 있어야 하는데, 그 논의를 하기 위해서 결국 가장 중요한 또다른 힘

---

7   젬 벤델·루퍼트 리드, 『심층적응』 김현우·김미정·추선영·하승우 옮김, 착한책가게, 2022.

은 민주주의를 작동하게 하는 힘이 아닌가 싶다. 자본에 의한 폭력, 폭력에 기반한 권력의 사용, 극단적인 한체제에 대한 집착이 아닌 새로운 담론과 토의, 숙론을할 수 있는 사회적 힘이 필요하다.

프랑스 공교육의 실험형 대안학교인 생나제르 자주학교는 2022년에 40주년을 맞이했는데, 이 학교의 특징은 다수결을 사용하지 않고 끝까지 토론하고 설득하는 민주주의 실험 학교라는 점이었다. 토의를 멈추지 않고 간극을 좁혀보고자 하는 수평적 권력의 교육이 40여 년 동안 진행되었다고 한다.

청소년 세대가 맞이할 수 있는 혼란과 재앙의 시대에 잘살아가기 위해서, 그간의 역사 속에서 예측하기 어려운 기후위기의 지구를 걸어가기 위해서 필요한 교육은 어찌 보면 인류를 진화시킨 다정한 민주주의에 대한 교육일 수도 있다. 형식적 학급회의조차도 무너져가는 우리 교육은 지금 과연 어떻게 민주주의를 다정하고 진지하게 지켜갈 수 있을까?

미래 세대를 위해 필요한 배움

"각성된 머리보다 능숙한 손이 낫다." 프랑스 교육학자 셀레스탱 프레네가 한 말이다. 경험과 모색에 기초한 몸의 배움을 강조한 이 말은 지금 그 어느 때보다 중요하다. 인류가 쌓아온 최첨단 디지털 문화마저 붕괴될 수 있고, 기후 재난에 대처하지 못하는 사회에 전파로 만나는 지구인들에 대한 영화는 수십 편이 이미 방영되었다. 필요한 것을 배우고, 불필요한 것을 줄이고, 스스로 배우고 함께 협력하며 최대한 함께 살아갈 수 있는 주체가 되기 위해 우리는 배움의 주제, 방식을 더 적응적으로 바꾸어야 한다. 심층적응이 필요한 사회를 목전에 두고 있는 우리는 무의식적 부정을 버리고 변화의 현실을 목격하고 그에 맞는 배움이 가능한 사회를 만들어야 한다. 한마디만 더하면 악당이 판치는 사회에서 선한 탐험가들과 함께 협력해야 살 수 있는 영화 같은 시대가 우리 앞에 놓여 있다. 이것을 현재 가장 잘 예측하고 있는 세대는 어쩌면 청소년 세대이다. 그들이

발견한 것, 주장하는 것을 지금 배우고 논하는 것이야
말로 우리가 조금 더 지속 가능하고 멸망을 늦추는 일
일 수도 있다.

"각성된 머리보다 능숙한 손이 낫다."
프랑스 교육학자 셀레스탱 프레네가 한 말이다.
경험과 모색에 기초한 몸의 배움을
강조한 이 말은
지금 그 어느 때보다 중요하다.

Q. 배려는 어디에서 출발하며
관계를 회복하는 힘은 어디서 오는가?

번성하는 삶을 위한 교육,
문화예술, 그리고 사회복지

이태인

아동과 청소년들의 삶과 복지에 관심이 많다. 연세대학교에서 사회복지학을 전공하고 미국 일리노이주립대학교를 졸업한 후 미국에서 한인들을 위한 복지센터와 학대 피해 아동을 위한 집단 위탁 시설의 사회복지사로 일했다. 뉴욕대학교에서 사회복지학 박사학위를 받았으며 현재는 제주한라대학교 사회복지학과 교수로 재직하며 학교사회복지, 아동청소년복지 등을 강의한다.

1970~1980년에 사람들에게 삶의 목표가 무엇인지 물으면 많은 이들이 '행복'이라고 답하곤 했다. 그런데 흔히 '행복'으로 번역되는 그리스어 단어 '에우다이모니아eudaimonia'는 '행복'보다는 '번성함'으로 번역하는 것이 더 적절하다. 이 번성함이라는 개념이 최근 주목받으면서 하버드대학에서는 '인간 번성함 프로그램The Human Flourishing Program'을 통해 각국 국민의 번성함을 정기적으로 측정하여 연구한다. 또한 OECD(경제협력개발기구)는 2024년에 새로운 교육의 지향점을 제시하면서 번성함이라는 개념을 포함시켰다.

행복과 번성함은 비슷해 보이지만 그 의미에는 중요한 차이가 있다. 번성함은 단순히 개인적인 행복감을 넘어, 인간이 자신의 잠재력을 온전히 발휘할 수 있는 정치·경제적 조건도 고려하는 개념이다. 이러한 조건 속에서 활짝 피어난 삶이 번성하는 삶이고, 이는 개인적 성취에 그치지 않고 인간과 지구의 조화와 지속 가능성을 포함한다. 즉, 번성함은 인간과 인간, 그리고 인간과 자연의 연결성을 바탕으로 한다. 먼저, 번성함의 핵심 요소인 '관계'에 대해 살펴본다.

번성함을 위한 필요조건, '관계'

인간은 본질적으로 관계를 맺고 소속감을 추구하는 존재이다. 우리는 관계 없이는 살아갈 수 없으며, 탄탄한 인간관계를 형성한 사람일수록 어려운 순간에도 주변의 도움으로 위기를 극복할 가능성이 크다. 관계는 단순한 정서적 지지를 넘어, 정보와 기회를 제공하며 개인의 성장과 역량 강화에도 기여한다. 이 점에서 OECD의 'Education 2030'은 관계 역량을 학생이 갖추어야 할 핵심 역량 중 하나라고 규정한다. 긍정심리학자 마틴 셀리그먼 또한 번성하는 삶의 다섯 가지 구성 요소 중 하나로 '관계'를 포함시켰다. 수백 명의 성인 응답자들을 60년 이상 장기 추적한 한 연구에 따르면, 행복한 노년을 결정짓는 가장 중요한 요인은 돈이나 지위가 아닌 '좋은 관계'이다. 관계가 좋은 사람이 취업에 유리하고, 같은 병에 걸려도 통증을 덜 느끼며, 삶에 대한 만족감도 높다는 연구 결과는 이제 새로운 사실이 아니다. 최근 한 연구에서는 자살률이 낮은 지역사회는 공통적으로 그 주민들 사이에 느슨하지만 지속적인 연결감이 높음을 발견했다. 길에서 주고받는 가벼운 인사, 마트에서 나누는 짧은 대화 같은 소소한 관계망이 개인의 소속감을 형성하며, 이러한 사회적 연결이 정서적 안정에 기여하는 것이다.

그렇다면 인간과 자연의 관계는 어떤가? 증거를 일일이 나열하지 않아도 인간과 자연의 관계가 우리의 번

성함에 있어서 얼마나 중요한지는 이미 많은 이들이 공
감할 것이다. 자연과 친화적인 관계를 이루고 살아가는
역량은 인류 생존의 차원에서 필수적이다.

관계 위기

이렇듯 번성함의 핵심 요소인 사람-사람의 관계, 그
리고 사람-자연의 관계가 모두 위험한 상태이다. 소비
위주의 삶만을 배워온 우리는 그간의 파괴적 소비로 여
기저기 들어온 적신호를 오래전부터 방치했다. 기후변
화, 온난화, 해수면 상승, 생물 다양성의 손실, 해양 산
성화 등은 그 단적인 예이다. 이런 추세가 계속된다면,
지구의 많은 영역이 거주 불가능한 환경이 될 것이다.
따라서 자연과의 관계를 회복하고 지속 가능한 삶의 방
식을 고안해내고 학습하지 않으면 인류의 번성은커녕
존속 자체가 위협받는다.

또한, 디지털혁명으로 초연결 사회가 도래했음에도

불구하고 인간관계는 오히려 얕고 불안정해졌다. 소셜 미디어 플랫폼이 처음 등장했을 때 앞으로 관계망을 손쉽게 형성할 수 있으리라는 기대를 자아냈다. 실제로 연결망이 무수히 생겨났고 긍정적인 변화도 적지 않다. 그러나 이 디지털 관계망의 확장은 예상치 못한 문제를 가져왔다. 청소년과 청년들의 정신건강이 악화된 것이다. 조너선 하이트와 진 트웬지는 스마트폰과 함께 성장하고, 놀이다운 놀이를 충분히 향유하지 못한 Z세대의 불안과 우울, 자해와 자살 위험이 크게 증가했음을 지적한다. 이는 단지 미국에 국한된 문제가 아니다. 우리나라에서도 청소년과 청년의 우울증 진단이 고령층에 비해 훨씬 빠르게 증가하고 있으며, 은둔과 고립을 선택하는 이들이 늘어나고 있다. 온라인에서는 수많은 연결이 생겨나고 있는데, 왜 더 우울하고, 불안하며, 결혼과 아이 낳기를 늦추거나 피하고, 고립을 선택하는 것일까?

관계가 실종된 복지국가

아이러니하게도, 인간의 번성함을 도모해야 할 사회복지 실천 현장에서도 관계의 단절이 뚜렷하게 나타난다. 사회복지 서비스의 대상자들은 주로 소득과 자산 부족 문제를 겪고 있지만, 그보다 더 근본적인 문제는 관계의 결핍이다. 일반적으로 사회경제적 지위가 높은 이들은 폭넓은 관계망을 형성하고 있는 반면, 사회복지 서비스 대상자의 관계망은 좁고 얕은 경우가 많다. 우리는 이제 소득 격차뿐 아니라 관계 격차를 해소하기 위한 고민도 깊이 해야 하는 시대에 살고 있다.

현 복지국가가 1940년대에 처음 고안되고 도입된 직후에만 해도 현실은 달랐다. 복지국가의 정책과 서비스로 많은 사람들이 가난에서 벗어나고, 교육받고, 건강해지고, 수명이 늘어났다. 복지국가가 성과를 낼 수 있었던 이유 중 하나는, 사람들이 일시적인 어려움에 처했을 때 그들을 지원하면 그 이후 그들이 다시 돌아갈 수 있는 가족과 지역사회라는 사회적 연결망이 존재했기 때문이다. 하지만 오늘날에는 지원을 받은 뒤에도 돌아갈 관계망이 없는 경우가 많아졌고, 이로 인해 기존의 돌봄 서비스들이 이전과 같은 효과를 내기 어려워졌다. 더불어 과거에는 사회복지 현장에서 관계를 적극적으로 도모하지 않더라도, 교육과 종교가 종횡으로 관계망을 넓힐 수 있는 플랫폼 기능을 담당했다. 학교와 종교시설은 부모의 사회경제적 배경과 상관없이 아이들이 친구를 사귀고 지역사회에서 어울릴 수 있는 공간을 제공했다. 그러나 오늘날 교육과 주거가 계층에 따라 분리되면서 계층 간 교류와 소통이 극도로 감소했다. 공교육은 과거에 계층 이동의 사다리 역할을 했지만, 이제는 오히려 세대 간 계층 고착화에 기여하는 모습이다.

관계망이 약해진 상황에서 돌봄 수요는 증가하는 반면 사회복지 서비스의 단위당 예산은 감소하면서, 복지 서비스는 점차 비인간적으로 변하고 있다는 자성의 목소리도 높다. 서비스 이용자와 그 이웃과의 관계가 넓어지고 심화되기보다는, 오히려 이용자-제공자와의 형

식적이고 기계적인 관계만 정신없이 늘어나기도 한다
는 것이다. 관계가 실종된 복지는 번성함을 도모할 수
없다.

관계 회복의 초석, '생태적 감수성'

어떻게 해야 관계를 중심에 놓고 인류가 번성하는 사
회를 만들 수 있을까? 관계의 회복을 위해 필요한 것은
무엇인가? 관계 형성을 위한 의사소통 기술 훈련이나
치료적 접근을 떠올릴 수 있지만, 우선 강조하고 싶은
것이 바로 '생태적 감수성'이다. 보다 근본적이고 통합
적인 회복의 감각을 이야기하고 싶기 때문이다. 생태적
감수성이란 개인, 사회, 자연이 상호 연결되어 있음을
인식하고, 이를 존중하며 돌보려는 태도와 의식을 말한
다. 즉, 인간과 인간, 인간과 자연이 서로 긴밀히 연결
되어 있으며, 서로 의존하는 관계임을 깨닫고 이 깨달
음을 바탕으로 모두의 번성함을 위해 사람과 자연을 돌

보는 마음, 이것이 생태적 감수성이다.

생태적 감수성은 인권 감수성이나 성인지 감수성과 마찬가지로 현대인이 갖춰야 할 기본 소양 중 하나이고, 교육을 통해 길러져야 한다. 그러나 기존 교육은 오히려 경쟁과 소비를 부추기며 개인의 번영만 추구하거나 생태적 한계를 무시하게 만들었다. 이런 문제의식을 바탕으로 OECD는 2024년 3월 PISA(국제학업성취도평가) 이사회에서 "지구와 조화롭게 번성하는 사회와 경제에 기여할 수 있는 균형 잡힌 인간 역량"을 모든 이들이 길러야 한다는 방향성을 제시했다. 바로 이 역량이 생태적 감수성 아니겠는가? 이제 생태적 감수성은 국어, 영어, 수학과 동등하게 중요한 역량으로 자리잡아야 하며, 이를 키우는 것은 사회 전체의 과제가 되어야 한다.

생태적 감수성이 자리잡으면, 개인의 삶이 조금 불편해지더라도 자연과 인간을 배려하는 정책에 대한 사회적 합의가 가능해진다. 사람들은 어떻게 타인을 배려하게 되는가? 배려는 어디에서 출발하며 행동의 변화를 이끄는 힘은 무엇인가? 돌고 도는 이야기이지만 그 해답은 결국 연결감에서 시작된다. 인간은 나와 연결된 지인에게는 더 많은 공감과 지원을 제공하지만, 낯선 이들에게는 상대적으로 덜 동정적인 태도를 보인다. 즉, 나와 타인이 서로 연결되어 있다는 연대의식이 타인을 향한 배려의 씨앗이 된다.

사람들 사이에 연대의식이 생기고 관계가 회복되면, 생태적 감수성도 강화된다. 관계가 회복되면 서로 나누고 돌보는 과정에서 파괴적 소비를 줄이고 지속 가능한 삶의 방식을 선택하게 된다. 혼자 배달음식을 시켜 먹는 대신 이웃과 공유 주방에서 함께 요리하고 식사하는 것이 일회용 플라스틱 사용을 줄일 수 있고, 공동의 공간에서 보내는 시간이 길어질수록 냉난방을 위해 소비하는 에너지도 절약할 수 있듯이 말이다. 이처럼 관계와 생태적 감수성은 순환적으로 연결되어 있고 동반 상승한다.

관계 회복과 문화예술

생태적 감수성 외에도 관계 위기를 극복하기 위해서는 다양한 조건들이 필요하다. 관계 형성과 돌봄을 위한 시간과 여유를 보장하는 노동시간의 단축, 실질임금 보장과 같은 거시적 접근부터, 사회성이 부족한 이들을 위한 교육, 치료, 상담과 같은 미시적 접근까지 고려할 수 있다. 여기서는 사회복지와 다소 거리가 있어 보이는 '문화예술'이 관계 회복에 어떻게 기여할 수 있는지 주목해보고자 한다.

문화예술은 단순한 오락을 넘어, 우리 안의 생태적 감수성을 일깨우고 사람과 사람, 그리고 사람과 자연을 연결하는 실질적인 힘을 발휘한다. 한 곡의 음악, 한 편의 연극, 한 장의 그림으로 인한 심미적 체험을 향유하고, 작품의 의미를 반추하며, 타인과 공감하고, 함께 소속감을 느낀다. 또한, 예술 속 자연의 아름다움을 발견하고 경외감을 느끼는 경험을 통해 자연과의 연결을 회복할 수도 있다.

사회복지 현장에서 문화예술이 관계 회복에 기여하는 사례는 이미 다양하게 존재한다. 일례로, 학교의 사회복지사가 가장 보람을 느끼는 순간 중 하나는 학생이 문화예술 활동을 통해 새로운 세계를 발견할 때라고 한다. 사회복지사의 도움으로 처음 연극을 본 아이가 감동을 받아 연극 동아리에 참여하고, 무대에서 자신을 표현하며 동료들과 협업의 기쁨을 배우는 순간, 그는 '복지 프로그램 수혜자'가 아닌 삶의 능동적 주인공이 된다. 학교 사회복지사의 권유로 밴드부에 들어간 학생, 수준 높은 공연을 접하고 감각이 깨어난 학생, 예술가와의 연결을 경험한 학생에게 문화예술 활동은 단순한 관람을 넘어 새로운 싹이 트는 체험이다. 문화예술은 아이들 내면의 이야기꾼, 춤꾼, 그림꾼을 깨워 삶의 활력을 불어넣는 촉매제가 된다. 그리고 이러한 활력이 생길 때, 사회적 배경이 다른 사람들과 자연스럽게 연결되며 관계망이 확장된다. 선별적 사회복지 서비스는 마치 연명치료처럼 위기를 예방하고 관리하는 데 그치는 경우가 많다. 그러나 이처럼 문화예술과 사회복지가 만날 때, 개인은 생존을 넘어 탄력의 상징인 트램 펄린처럼 '다시 시작할 힘'을 얻는다.

문화예술은 치료적이기도 하고 개인의 정체성을 깨 우기도 하지만 개인의 관계 역량을 키우고 사회의 이질 적 집단 간 상호작용을 도모한다. OECD의 Education 2030은 미래 사회에서 '자신과 동질적 집단의 구성원 뿐 아니라 이질적인 사람들과도 잘 어울릴 수 있는 역 량'이 필수적이라고 강조한다. 다양한 배경을 가진 사 람들이 어울리고 소통할 수 있도록 공통의 언어를 제 공함으로써 이 역량을 길러주는 것이 바로 문화예술이 다. 인종, 종교, 사회적 계층을 초월하여 사람들을 하나 로 묶고, 다양한 가치와 경험이 교류할 수 있도록 돕는 것이다. 한강 작가는 노벨문학상 수상 후 "가장 어두운 밤에 우리의 본성에 대해 질문하는, 이 행성에 깃들인 사람들과 생명체들의 일인칭을 끈질기게 상상하는, 끝 끝내 우리를 연결하는 언어를 다루는 문학에는 필연적 으로 체온이 깃들어 있습니다. 그렇게 필연적으로, 문 학을 읽고 쓰는 일은 생명을 파괴하는 행위들의 반대편

에 서 있습니다"라고 했다. 문학, 음악, 춤, 미술의 언어
는 인간에게 본질적 질문을 던지고 사유하게 하며 생명
을 존중하게 한다. 결국 문화예술은 그 자체로 관계를
형성하는 과정이며, 관계를 회복하는 가장 강력한 도구
이다.

문화예술, 교육, 사회복지의 통합적 패러다임

교육, 복지, 문화예술은 서로 분리된 영역이 아니다.
관계 역량과 생태적 감수성을 기르는 교육, 사회적 연
대를 중심으로 재설계된 사회복지, 그리고 계층과 국경
을 넘어선 문화예술의 향유는 함께 작동토록 하는 것이
바람직하다. 교육, 복지, 문화예술이 병렬적으로 존재하
는 것이 아니라, 서로 유기적으로 연결될 때 선순환 구
조를 이루어 시너지를 낼 것이기 때문이다. 이와 같은
통합적 접근이, 관계 단절과 환경파괴가 심화되는 오늘

날의 현실 속에서 개인의 성공을 넘어, 지구와 조화를 이루는 지속 가능한 '번성하는 삶'을 가능케 할 것이다. 교육, 문화예술, 그리고 사회복지가 함께했을 때 탄생했을 수많은 이야기들. 그러나 아직 발견되지 않은 이야기들은 무엇일까? 앞으로 우리는 어떤 이야기를 만들어갈 수 있을까? 이제 그 이야기를 쓰고, 그려내고, 노래하며, 춤출 때이다.

인간과 인간,

인간과 자연이 서로 긴밀히 연결되어 있으며,

서로 의존하는 관계임을 깨닫고

이 깨달음을 바탕으로 모두의 번성함을 위해

사람과 자연을 돌보는 마음,

이것이 생태적 감수성이다.

기후변화가 지속될 때,
우리는 어떤 풍경을 마주하게 될까?

제주시 애월읍 고내리

김강

소설집 『우리 언젠가 화성에 가겠지만』 『소비노동조합』 『착하다는 말 내게 하지 마』와 장편소설 『그래스프 리플렉스』, 그 외 다수의 공동소설집을 집필했다. 2017년 단편소설 「우리 아빠」로 제21회 심훈문학상 소설 부문 대상을 수상했다.

검은 수면 위 물결 사이로 지붕들이 나타났다 사라졌다. 수초를 인 지붕들은 짙은 초록이나 갈빛이었고 더러는 흰 점이 촘촘히 박힌 회색 바위처럼 보이기도 했다. 따개비, 굴 같은 갑각류들이 오가는 파도에 몸을 적셨다. 이곳에 와본 적 없는 사람이라면 별 의심 없이 지나칠 만했다. 깊이 살피지 않는다면 그저 흔한 오래된 방파제라 여길 것이었다. 조금 더 나아간 곳에 경계석이 보였다. 부딪혀오는 파도에도 끄떡없이 서 있는 경계석만이 이곳에 누군가 살았고 저기에 길이 있었다, 말해주는 듯했다. 여기까지 마을이었어.

"그러니까 30년 전만 해도 저기까지 마을이 있었다는 것 아니야."

"정말이네! 자긴 이런 곳 어떻게 안 거야?"

창가 자리에 앉아 있던 현상과 수진은 창에 핸드폰을 대고 사진을 찍으며 조금은 큰 소리로 수런댔다. 지혜는 커피를 테이블에 내려놓았다.

"제주 특산 커피예요. 신맛과 고소함이 적절하면서도 맛이 깊다고들 한답니다. 즐거운 시간 보내세요."

커피를 내려놓고 돌아서는 지혜를 현상이 불렀다.

"저기요."

"네?"

"여기 물은 언제 들어와요? 물 들어오는 것도 장관이라 하던데."

"아…… 오늘이 음력으로 1월……, 잠시만요."

지혜는 핸드폰으로 만조 간조 시간표를 살핀 후 다시 말했다.

"한두 시간 있으면 들어오기 시작할 거예요. 장관이죠."

맑고 바람 없는, 햇빛 쨍쨍한 날 밀려들어오는 물은 금가루를 뿌린 듯 엄청나다며, 금가루라는 게 흔한 표현이라 조금은 식상하지만 그것 이상 드러낼 말이 없다고, 그런 날이면 바가지로 뜬 물에 금가루가 가득할 것 같은, 그래서 바가지를 들고 달려나가고 싶은 생각이 불쑥불쑥 든다고 지혜는 덧붙였다. 물 들어오는 시간을 물었을 뿐인데 지혜는 한참을 서서 이야기했고 젊은 남녀는 그저 고개만 끄덕이다 창밖을 보았다. 하늘엔 층층이 구름이 깔리고 게다가 바람이 세게 부는, 맑은 하늘도 쨍쨍한 햇빛도 금가루도 볼 수 없는 그런 날이었다.

"오늘은 금가루를 보기 힘들겠네요?"

이번에는 수진이 지혜의 말에 대답하듯 물었다.

"아…… 그렇겠네요. 장관이란 게 그리 쉽게 볼 수 있나요? 음, 물 들어오면 1층이나 2층에 내려가보세요. 거긴 언제든 볼 수 있는 장관이 있지요."

루웬은 1층에서 뉴스를 보던 중이었다. 이번 달 초부

터 야당 대통령 후보 경선이 진행되고 있었다. 지금 대통령이 워낙 엉망이었던 탓에 야당 대통령 후보에 대한 사람들의 관심이 높았다. 루웬은 예전에는 투표나 정치에 관심이 없었지만 이번에는 조금 달랐다. 베트남 출신의 어머니를 둔 한 젊은 정치인에게 마음이 갔다. 루웬은 자신의 아들이 경선에 나간 듯했고 한 번도 생각해보지 않았던 정치후원금을 내어볼 참이었다.

"1층에 손님 내려감수다."

지혜로부터 문자가 왔다. 루웬은 텔레비전의 채널을 음악방송으로 바꾸고 1층 실내의 불을 켰다. 그리고 카운터 위의 무전기를 들었다.

"김씨, 아직 멀언? 이제 손님들 올 때 되신디."

무전기에선 아무런 소리가 나지 않았다. 버튼을 잘못 눌렀나 싶어 루웬이 다시 무전기 버튼을 누르려 할 때 1층 남쪽 창 바깥으로 잠수복을 입은 사내가 나타났다. 김씨였다.

"이 짜기만 남안. 경헌디 오늘 물살이 너무 세어. 겁이 나는디. 나머지는 내일 허면 안 되카?"

김씨는 창에 붙은 채 루웬의 답을 기다렸다.

"내일은 물살이 좀좀해지컨가? 남쪽이 제일 좋다는 걸 알면서 그짝부터 해사지. 꼭 건물 뒤부터 행그네. 오늘 다 안 하면 일당 못 주큰게."

태풍 소식과 궂은 날씨에 오늘은 손님이 없을 것이라는 걸 알면서도 루웬은 김씨를 재촉했다. 지난주에도 이런저런 핑계로 미룬 일이었다. 손님이 없을 때 해두는 것이 차라리 낫다 생각했다.

"아니 이리 왕 봐. 장난 아니라. 내가 언제 이런 말 헌 적 이시냐?"

루웬과 김씨가 무전기로 대화를 하는 사이 현상과 수진이 1층으로 들어왔다. 루웬은 무전기를 내려놓았다.

"안녕하세요. 1층은 입장료가 따로 있습니다. 3층에서 음료를 마셨어도."

루웬은 손으로 카운터 앞의 안내판을 가리켰다.

[1층 2시간 입장료: 1인당 1만 원, 남쪽 자리: 테이블당 추가 1만 원]

"자기야, 삼만 원이나 더 내고……"

현상에게 뭔가 말을 하려던 수진은 1층 창을 보고는 입을 다물었다. 그리고 다시 말을 이었다.

"더 내도 되겠네. 아니, 더 내야겠네. 우와. 여기 정말 멋지다."

물에 잠긴 건물들과 건물의 창을 오가는 색색의 물고기들, 물결을 따라 춤추듯 흔들리는 수초들이 창밖에 있었다.

"수족관이네, 수족관이야."

현상과 수진은 남쪽 창가로 가 앉았다. 한동안 사진을 찍는다, 찍어달라, 방금 지나간 저것 보았느냐, 문어가 막 지나갔다 등등 수선을 떨다 조용해졌다. 언젠가부터 말없이 창밖을 볼 뿐이었다. 그러다 수진이 입을 열었다.

"완전 좋다. 여기. 자기 정말 여기 어떻게 안 거야? 어, 저기 사람이 있어."

김씨였다. 김씨는 창 바깥 물속에서 창을 청소하고 있었다.

"저기, 아주머니, 저분은 뭐하는 거예요?"

현상이 물었고 루웬은 창을 청소하는 것이라 대답했다. 일주일에 한 번은 청소를 해야 물속을 잘 볼 수 있다고, 수압을 견디기 위해서 강화유리를 써야 하는데 그러면 유리가 두꺼워서 조금만 더러워져도 물속 경치가 잘 안 보인다고 설명했다.

"저 유리 두께가 일 센티거든요. 육 밀리면 충분하다고 하는데 그래도 안전이 우선이니까. 다행히 큰 바위나 그런 것들은 앞에 있는 집들이 막아줘요. 유리가 깨질까 물이 들어올까 걱정할 필요는 없어요."

수진은 신기한 듯 손가락으로 창을 툭툭 두드렸다. 소리 나는 쪽으로 김씨가 고개를 돌렸고 수진이 손을 들어 흔들었다. 김씨는 답하지 않고 다시 하던 일을 계속했다. 그 모습을 보던 루웬이 말했다.

"평소에는 인사도 잘하고 하는 사람인데 오늘은 조금 뿔이 나서 그래요. 물살이 세서 청소 안 하겠다는 것을 내가 하라고 했거든요. 바닷속 물살이 언제 안 센 적 있나요."

"그런데, 저분 해녀이신가요?"

"해녀가 아니고 해남, 해남이에요, 원래 이 마을 이장이었는데. 마을이 없어져서. 마을 복원한다고 쫓아다니는데, 그게 쫓아다닌다고 되나?"

"마을이 없어졌다고요?"

"에구, 어디 사라진 마을이 여기뿐인가요?"

"아…… 근데, 이렇게 좋은데 왜 손님이 우리뿐이에요?"

수진이 루웬을 보며 물었다. 현상과 수진의 테이블로 루웬이 다가왔다.

"오늘은 날이 많이 흐리잖아요. 태풍 이야기도 있고. 2월에 오는 태풍이 좀 크잖아요."

평소에는 웬만큼 일찍 오지 않으면 남쪽 창가 자리에 앉지 못한다고, 한 번 앉으면 일어나질 않아서 두 시간으로 제한을 두는 것이라고 루웬이 말을 덧붙였다.

"사실, 이 자리가 제일 좋은 자리예요. 내가 제일 좋아하는 자리. 같이 앉아요. 내가 이것저것 설명을 해줄 테니까. 오늘은 손님도 없고 하니. 운좋은 날인 줄 알아

요. 내 경험상 오늘은 더이상 손님이 없을 것 같애. 지
금 보고 있는 이 동네 이름은 고내리. 제주시 애월읍 고
내리."

루웬이 수진의 옆에 앉으며 말했다. 현상이 눈을 크
게 뜨며 수진을 보았고 수진은 창가 쪽으로 엉덩이를
조금 옮겼다.

사, 오십 년 전까지 육지였다고 했다. 서서히 수면이
상승하기 시작했고 도에서, 나라에서 이것저것 방법을
취해봤지만 들어오는 바닷물을 막을 수도 퍼낼 수도 없
었고 결국 사람들이 떠나는 수밖에 없었다.

"여기 들어오는 길에 해안가에 늘어선 집이랑 언덕
위 아파트 보았지요? 여기 살던 사람들이 이주한 거예
요. 지금 추세로 봐선 또 한 일이십 년 지나면 수면이
더 올라가서 또 한번 이주를 해야겠지만, 사람들이 그
걸 신경쓰나요? 신경을 썼으면 애초에 이런 일이 없었
겠지요. 아니지, 신경을 쓴다고 달라졌을라나? 그것도
알 수 없지만. 암튼, 원래 있던 해안가는 물속으로 들어
갔고 바다에서 멀리 있던 밭이 해안가가 되고. 고내봉

이라고 이 동네에서 제일 높았던 봉우리가 이제는 언덕
처럼 됐어요. 제주에 이런 식으로 변하지 않은 곳이 없
어요. 원래 제주는 지금보다 훨씬 컸는데…… 물론 육
지도 그렇겠지만 제주는 360도 빙 둘러가며 변했어요.
그런데 물에 잠긴 건물을 이렇게 수중 카페로 바꿔서
쓰는 곳은 우리가 맨 처음이에요. 지금은 몇 군데 더 생
겼지만. 그래서 사람들이 많이 찾아오지요. 나는 이 건
물에 세 들어 살면서 물질도 하고 밭일도 하고 그랬었
는데 주인이 나한테 팔고 떠났어요. 헐값에. 이제는 이
사도 못 가. 사람 살 만한 땅은 죄다 값이 올라서. 나하
고 내 딸하고 물에 잠길 때까지 여기서 살아야지. 위에
서 만났지요? 내 딸."

　현상과 수진은 창밖을 그리고 가끔은 루웬의 얼굴을
보며 루웬의 말을 들었다. 루웬이 말을 마치자 현상이
추가로 음료를 주문했고 수진은 음료와 샌드위치를 주
문했다. 루웬은 주문 받은 음식을 챙기러 자리에서 일
어나 주방으로 갔다.

　"아줌마가 말이 많으시네."

"왜? 재밌는데."

음식을 가져다놓은 루웬은 문득 김씨가 밖에 있은 지 오래되었다는 생각이 들었다. 남쪽 창과 양쪽 창을 둘러보았지만 김씨는 보이지 않았다. 카운터로 돌아와 무전기를 들어 버튼을 눌렀다.

"김씨? 김씨 어디쑤과?"

김씨로부터 답이 없었다.

"어이, 김씨, 장난허지 맙써. 청소는 다 했수과?"

루웬이 다시 물었지만 김씨는 답을 하지 않았다. 루웬은 핸드폰을 들어 지혜에게 전화를 했다.

"지혜야, 김씨 거기 있시냐?"

"아니마씨. 못 봐신디예."

"거기 위에서 한번 봐보라. 김씨 아저씨 봐지는지."

물살이 세다니까, 루웬은 김씨가 했던 말이 떠올랐다. 마저 다 하라고 했던 것이 마음에 걸렸다. 루웬이 이곳저곳을 돌아다니며 창밖을 살피자 수진이 루웬에게 물었다.

"아주머니, 무슨 일 있어요?"

"아니, 아니, 아까 전에 본 그, 잠수복 입고 청소하던 사람이 안 보여서요. 혹시 봤어요? 가장 마지막에 본 게 언제지요?"

루웬이 다시 수진에게 물었다.

"아, 기억이 잘…… 풍경 보고, 아주머니 말을 듣느라 정신이 팔려서. 무슨 일 생긴 건가요?"

"그럴 리는 없는데. 무전기에 대답도 없고 그래서. 아이, 참. 지금 이 날씨에 도와주러 올 사람도 없는데."

루웬은 대답 없는 무전을 계속 보냈고 현상과 수진은 좌우로 나뉘어 창밖을 살폈다. 전화가 한 번 왔었는데, 위에서는 아무것도 안 보인다는 지혜의 전화였다.

루웬이 119에 전화를 해야 할지 말지를 고민하며 핸드폰을 만지작거리고 있을 때였다. 1층 문이 열리고 사내가 들어왔다.

"김씨!"

김씨였다. 김씨는 루웬의 큰 소리에 놀라며 뒤로 물러섰다.

"무사 마씨? 청소 다 하고 들어와신디. 다 해서마씨."

"그게 아니라, 들어오면 들어온다 말을 해사 될 거 아니이. 무전기에 답도 없고. 무슨 일 생겨시카부덴 한참 초잣쩌."

루웬은 목소리를 낮추지 않고 김씨를 몰아붙였다. 김씨는 싱긋 입꼬리를 올리며 카운터 쪽으로 다가왔다.

"다 끝났다고 무전을 해도 답이 어성게, 경허난 들어왔지. 막 샤워하고 나와신디. 걱정했수과? 나를. 허허."

루웬과 김씨는 다투는 듯 아닌 듯 말을 주고받다 위로 올라갔다.

카페 안은 다시 조용해졌다. 현상이 수진의 옆자리로 옮겨 앉았고 수진은 현상의 손을 잡았다. 둘은 다시 바닷속의 풍경으로 빠져들었고 한동안 말없이 창밖을 보며 서로의 손을 만지작거렸다. 한차례 수초들이 크게 흔들렸고 물고기들이 부산하게 움직였다. 현상이 수진의 손을 놓고 창밖을 가리키며 말했다.

"나, 사실 여기 와본 적 있어."

"잉? 누구랑? 누구하고 언제 온 건데?"

수진이 바짝 붙어앉으며 물었다.

"좀전에 주인아주머니가 말한 전 주인, 헐값에 팔고 나갔다는 집주인이 우리 엄마야. 여기가 우리 엄마 고향이야. 제주시 애월읍 고내리. 외가에서 물려받은 땅에 이 건물을 지었다 하더라고. 그런데 웬걸, 얼마 안돼서 바닷물이 넘쳐들어오기 시작한 거야. 그때는 이런 카페를 할 생각은 못 했다네. 고향이 없어지나 싶었고 주소도 남지 않는 건물이 뭐가 필요한가 싶었다 하시더라고. 그래도 5층 건물이니 카페라도 하지. 창밖에 보이는 건물이나 집들은 그냥 수장된 거야. 저기 보이는 길, 어릴 적 엄마랑 외가에 왔을 때 손잡고 걷던 길이야. 저 길 넘어 해안가에서 보말도 잡고 물놀이도 하고 그랬어. 그땐 이리 될 줄 아무도 몰랐지. 아니 누군가는 이야기했는데 별생각이 없었던 거지. 어찌 되겠지 하고 말이야. 한번 와보고 싶었어. 어찌 되었나 하고. 예전 그대로였으면 저 길을 자기랑 같이 걸었을 텐데. 어쩌면 저기 어디쯤에서 자기한테 프러포즈를 했을 수도 있어. 아쉽지?"

현상은 여전히 창밖을 보며 말했고 수진은 아, 짧은 감탄사를 내뱉었을 뿐 더이상 묻지 않았다. 프러포즈란 말에 심장이 뛰는 것을 느꼈지만 내색하기 싫었다.

지혜가 1층으로 내려왔다. 지혜는 카운터와 주방을 정리한 뒤 현상과 수진에게로 왔다. 필요한 것은 없는지 물었고 수진이 현상을 보았지만 현상은 창밖을 볼 뿐이었다. 수진은 지혜에게 고개를 저어 보이며 답했다. 지혜가 천장을 보며 말했다.

"저 둘은 항상 저래요. 싸우는 것 아니니 신경쓰지 말아요. 근데, 우리 엄마 우리말 완전 잘하죠?"

"그렇네요. 어디 출신이세요?"

"베트남에서 오셨어요. 우리 아빠랑 결혼하러. 이제는 한국 사람이에요. 제주 말도 정말 잘해요. 완전."

"혹시 두 분이?"

수진이 고개를 들어 위를 보며 말했다.

"아, 우리 아빠 아니에요. 우리 아빠는 저기 고내봉에 누워 있어요. 예전에 처음 물이 들어올 때 물 막는다고 제방 만드는 데 참여했다가 사고로 돌아가셨어요."

수진은 아, 예. 하고 짧게 대답했다. 뭐라 답할지, 마땅한 말이 생각나지 않았다.

"그런데, 오늘 물이 많이 들어오네요. 가게하고 연결된 다리가 잠겼어요. 어떡하시려나? 물이 빠질 때까지는 나가기 힘드실 텐데."

수진은 현상을 보았다.

"자기야?"

수진이 현상을 불렀지만 현상은 그저 물속에 시선을 고정한 채 아무 말도 하지 않았다. 수진은 현상의 무릎을 쥐고 흔들었다.

"자기야, 아까부터 왜 말이 없어. 창밖만 보고."

현상은 흔들리는 무릎을 그대로 둔 채, 고개도 돌리지 않은 채 낮은 목소리로 말했다.

"봐봐, 저기 경계석, 경계석이 흔들리고 있어. 물이 빠질 즈음이면 저 경계석은 사라질까? 뽑혀서 바닷속으로 굴러들어갈까? 그러면 길도 마을도 정말 사라지는 거겠지. 저 경계석에 뭐라 새겨져 있는지 알아?"

"그걸 내가 어떻게 알아. 뭐라 쓰여 있는데?"

안녕허시우까. 여기는 제주시 애월읍 고내리이우다.

안녕허시우까.
여기는 제주시 애월읍 고내리이우다.

AI의 진화와 열린 가능성
― 인간의 창의성에 주는 교훈

오카 미즈키|Oka Mizuki

일본 치바공과대학교 변혁센터Henkaku Center의 연구원이자
인공생명연구소Artificial Life Institute의 소장이자 창립자이
다. 일본 경제산업성의 탐색적 IT 인재 프로젝트인 MITOU
프로그램의 프로젝트 매니저를 맡고 있으며, 커넥트스피어
ConnectSphere Inc.의 CEO를 겸하고 있다. 인공생명과 개방
성open-endedness, 특히 AI와 인간의 창의성과 관련된 연구
를 주로 진행한다. 개방형 진화 접근법을 AI 연구에 통합하는
최전선에 있으며 학자이자 기업가로서 개방형 알고리즘과
창의적 AI 시스템 개발을 지지한다. 인공생명의 원리가 어떻
게 AI의 진화에 영향을 미치고 인간 창의성의 미래를 형성할
수 있는지에 대한 선도적인 연구를 이끌고 있다.

번역 공민희

부산외국어대학교를 졸업하고 영국 노팅엄트렌트대학교에
서 문화유산학으로 석사학위를 받았다. 현재 번역 에이전시
엔터스코리아에서 번역가로 활동중이다. 옮긴 책으로는 『인
권이란 무엇인가』 『통감』 등이 있다.

감수 백령

경희대학교 문화예술경영연구소 연구위원으로 뉴욕대학교
에서 박물관 교육으로 교육학 박사학위를 받았다. 『문화예술
교육의 도약을 위한 평가』 등 여러 책을 집필했으며 「지역기
반 사회 문화예술교육 프로그램 사례분석 연구」 등 다수의
논문을 발표했다.

AI의 창의성을 살펴보면 어린아이의 지적 성장세와 매우 흡사한 발달 경로를 따른다는 점을 알 수 있다. 규모가 큰 언어 모델의 진화 과정을 관찰할 때 이와 같은 유사성이 특히 두드러진다.

한 사례를 들면, 2022년에 출시한 GPT-3.5(챗GPT)는 기초적인 질문에 대답하고 문장을 만들어내는 부분에서 능숙했으나 복잡한 논리를 처리하는 데는 한계가 있었다. 간단한 계산식 수학 문제는 정확히 해내나 좀더 깊이 있게 적용해야 할 때는 실수를 많이 저질렀다. 여기서 실수를 지적하면 AI는 틀린 이유를 논리정연하게 설명하지 못하는 경우가 매우 잦았다.

이와 반대로 2023년에 도입한 GPT-4는 좀더 복잡한 개념을 파악하고 한층 고차원적인 추론이 가능해졌다. 수학과 과학 분야에서 단계별로 논리적으로 설명하고, 실수가 있었을 때 계산을 다시 하거나 정정할 수 있었다. 더 나아가 프로그래밍의 경우 코드 생성과 더불어 버그도 식별하고 한층 효과적인 실행 방식을 제안하는 수준에 이르렀다.

2024년에 GPT-4o는 더욱 흥미로운 발전을 이룩했다. 논리적 정확성 면에서 자체 신뢰도를 측정하기 시작했고 어디에 불확실성이 존재하는지 냉정하게 파악했다. 그뿐만 아니라, 다양한 관점에서 발생하는 문제를 살피고 자체 논리가 지닌 잠재적인 제약이나 약점을 찾아냈다. 이 발전 단계는 아이들이 스스로의 이해 범위를 인식하고 그에 따라 시도와 실패를 거치며 성장하는 학습 방식을 연상시킨다. 스스로의 사고 체계를 객관적으로 반영하는 태도로, 아이들이 자라면서 키워가는 '메타인지' 능력과 동일한 선상에 있다. 따라서 AI가

단순한 정보처리능력을 초월해 인간의 인지능력과 비슷한 사고 체계에 가까워졌음을 짐작할 수 있다.

이런 변화가 향후 AI의 적용 범위가 엄청나게 확산할 거라는 예측을 가능케 한다. 단순히 콘텐츠를 제작하거나 일차적인 문제 해결을 넘어 복잡하고 까다로운 과제를 해결하는 모습을 보게 될 수도 있다. 실제로 가까운 미래에 "AI가 상당히 창의적인 활동을 실행"할 것이라는 예측이 이미 현실로 나타나는 중이다. 도쿄에 기반을 둔 스타트업 업체인 사카나 AI[Sakana AI][1]에서 개발한 AI 과학자가 특히 두드러진 사례라고 할 수 있다. 이 시스템은 사상 처음으로 연구 과정 전체를 자동화하는 데 성공했다. 아이디어를 브레인스토밍하는 데서 시작해, 코딩, 실험 실시, 결과 분석, 보고서 작성, 동료 평가에 이르기까지 말이다. 이 AI 과학자는 고작 15달러 정도의 비용으로 논문 한 편을 창출해내는 놀라운 장점이 있다. 게다가 검토 과정에서 추가 평가도 실행하

---

1   Chris Lu et al., "The AI Scientist: Towards Fully Automated Open-Ended Scientific Discovery," arXiv:2408.06292, 2024.

면서 인간 동료 검토자와 동등한 평가 능력을 보유하고 있음을 입증했다.

수렴적 접근법과 확산적 접근법

그러나 AI의 창의력을 살필 때 그 능력을 한층 키울 수 있는 접근 방식을 활용하는 방안이 매우 중요하다고 본다. 현재 AI 기술 대부분이 수렴적 접근법에 의존해 '정확한 해답'을 향하여 가능한 해결책의 범위를 좁혀 나가는 방식을 사용한다. 광범위한 언어 모델을 훈련할 때 이 방법을 쓴다.

'수렴적 탐색 접근법convergent search approach'이란 미리 정해둔 출구로 가는 가장 짧은 혹은 최적화된 경로를 끊임없이 탐색하면서 미로에서 빠져나가는 방식에 비유할 수 있다. 가령 어떤 사람이 복잡한 미로 속에서 무작정 한 방향으로 걷고 있다고 생각해보자. 막다른 골목에 도달했거나 출구로 이어지지 않는 길이라는 점을 알아차리면 해당 경로를 포기하고, 그렇게 점진적으로 출구로 가는 길을 찾게 된다. 이 과정에서 '출구' 혹은 정답을 늘 염두에 둔 채 우회하는 길은 포기하는 방식으로 궁극적 목표에 도달한다. 대규모 언어 모델을 포함해 AI의 '수렴' 본능도 이와 매우 비슷하다. 정보를 습득하거나 논리를 얻으면 특정 평가 지표(점수)를 최대화 혹은 최적화하고 단계적으로 지정된 '정확한' 방향으로 나아간다. 이는 목적지나 해결방법을 도출해내야 하는 사례에서 상당히 효과적이다. 반면에 이 방식을 토대로 한 AI는 '미로를 다시 설계'하는 부분, 즉 원래의 아이디어 전체를 살피는 부분에서 어려움을 겪는다. AI의 근본적인 제약을 보여주는 셈이다.

제약을 극복하려면 역설적으로 보이는 전략을 사용해야 한다. 가능성을 열어두기 위해 '틀린' 해결책도 간혹 살피는 확산적 접근법이 대안이다. 인류의 역사를 돌아보면 많은 혁신적인 발견이 처음에는 '실수'나 '쓸모없이 돌아가는 길'로 여겨졌다.

최근에 좀더 창의적인 해결책을 발견하기 위해 개방

형 접근법의 중요성을 강조한 연구가 있었다.[2] 개방형 연구의 선두그룹인 켄 스탠리Ken Stanley 팀은 가장 유명한 구체적 실행 방식으로 이상치 탐색Novelty Search을 제안했다.[3] 곧바로 특정 목표를 향해 움직이기보단 이상치를 먼저 탐색하고 그 과정에서 예상하지 못한 결론을 도출한다. 예를 들어 로봇에게 걷는 법을 가르칠 때 '걷기'를 목표로 설정하지 않고 '전에 해보지 않은 다른 움직임'을 지향하게 만들어 자연스러운 걸음걸이 패턴이 나오도록 이끈다.[4]

2   Kenneth O. Stanley, Joel Lehman and Lisa Soros, *Open-endedness: The last grand challenge you've never heard of*, O'Reilly, 2017. 12. 19,

3   Joel Lehman, Kenneth O. Stanley, "Abandoning Objectives: Evolution Through the Search for Novelty Alone," *Evolutionary Computation*, 19(2):189-223, 2011.

4   유튜브 Biped Comparison Video https://www.youtube.com/watch?v=-lyZorMEvmjM

확산적 접근법이 중요한 이유

지금부터 확산적 접근법이 꼭 필요한 세 가지 중요한 이유를 살펴보고자 한다. 첫번째로, 예상치 못한 발견이 자주 혁신으로 이어진다는 점을 들 수 있다. 뜻밖의 기쁨을 보여주는 대표적 예시가 바로 유명한 페니실린의 발견 과정이다. 플레밍은 박테리아를 연구하는 도중 그만 실수로 세균 배양용 페트리접시를 실온에 방치했다. 그는 접시에서 곰팡이가 자란 걸 보았다. 보통은 이런 실수를 저지르면 접시를 폐기하지만 그는 곰팡이 주변에 박테리아가 전혀 증식하지 않은 점에 흥미를 느끼고 좀더 관찰하기로 했다. 이 '실수' 덕분에 인류의 첫 항생물질인 페니실린이 탄생했다. 플레밍이 박테리아를 죽이는 물질을 찾는 데만 집중했다면 이 같은 발견을 할 기회는 찾아오지 못했을 것이다.

두번째 중요한 이유는 확산적 접근법이 한층 일반화가 가능한 해법을 내놓을 수 있다는 사실이다. 시작 단계에서 '구체적인 답' 혹은 목표를 설정해두지 않는다는 점에서 모순으로 보일 수 있으나 이로써 더 깊은 탐색이 가능하고 궁극적으로는 적용 범주가 넓은 해법을 도출해내는 경우가 더 많다.[5] 인간 수준의 지능을 탄생시킨 자연 진화는 처음부터 일반화를 목표로 설정하지 않았다. 오히려 주어진 환경 혹은 역할을 구체화하는 과정에서 다채로운 능력을 이끌어냈다. 시간이 흐르면서 세부적인 개별 기능이 층을 이루어 지능을 구성하고 다른 영역에 적용할 수 있게 된 것이다. 구체화가 일반화로 가는 디딤돌 역할을 해 "진짜 목적지로 가기 위해서는 완전히 다른 곳으로 가야 할 필요가 있다"는 교훈을 주었다. 궁극적인 목표와 관련이 없어 보이는 분야의 중요한 전문지식이 결과적으로는 보편적인 가치를 입증한 사례가 빈번하다. AI가 자체 범주 안에서 테스트를 거치고 결국 새로운 아이디어를 도출하는 과정을 살펴보면 아이들이 시행착오를 겪으며 학습을 통해 성장하는 방식과 같다는 점을 알 수 있다.

5   Kenneth O. O. Stanley, Joel Lehman, *Why Greatness Cannot Be Planned: The Myth of the Objective*, Springer, 2015.

세번째 이유는 확산적 접근법이 한층 명쾌한 해법을 도출할 수 있어서다. 한 가지 목표에 곧장 집중할 경우 과도하게 복잡하거나 비효율적인 결과가 나오는 경우가 많다. 이와 정반대로 확산적 접근법을 활용하면 간혹 놀라울 만큼 간단하고 미학적인 해법이 나타난다.[6] 사례는 수없이 많지만 우리의 대자연만 봐도 알 수 있다. 식물의 가지, 잎맥, 또는 동물의 생체 구조는 두드러진 간결함과 대칭을 보여주는 분명한 예시다. 이들은 애초부터 '보편적으로 최적화'되지 않았다. 오히려 여러 요인의 영향을 받아 오랜 진화 과정을 거치며 모듈식으로 명쾌하게 다듬어졌다. 다시 말하면, 규정한 '정답'으로 곧바로 나아간 것이 아니라 엄청난 시도와 실패를 거치며 '확산' 진화하다 결국 놀라운 조화를 이루는 형태로 집약된 것이다.

이와 대조적으로, 인간이 어떤 희생을 치르더라도

---

6   Kenneth O. O. Stanley, Jeff Clune, Joel Lehman et al., "Designing Neural Networks Through Neuroevolution," *Nature Machine Intelligence 1*, 24-35, 2019.

'한 가지 목표에 최적화'하는 법을 찾을 때 복잡하고 임시적인 결과가 나오는 일이 많다. 비용 절감이나 성능 향상을 위해 반복적으로 무언가를 더하거나 수정하는 제품들을 생각해보자. 어설픈 대책이 약점을 드러내거나 엉망인 인터페이스로 나타나 미적으로 즐겁거나 사용자 친화적인 양상과 멀어지게 만든다. 최적화한 한 가지 목표에만 집중한다고 늘 제대로 된 결과가 나오진 않는다는 점을 잘 보여준다고 하겠다.

확산적 접근법의 특징을 활용해 '여러 가능성을 수반한 설계 과정'을 포함한다면 간단명료하고 아름다운 최종 형태를 얻을 수 있다. 자연이 '정답'이 무엇인지 미리 정해두지 않고 셀 수 없이 많은 실험적 변수를 거쳐 진화를 이루었듯이 탐색 과정에서 목표를 개방적인 상태로 둔다면 조화롭고 개선된 해법을 발견할 가능성이 더욱 커진다.

AI와 인간의
창의성에 대한 재고찰

AI의 창의성이라는 주제로 논의할 때 지나치지 말아야 할 또다른 한 가지는 AI를 과도하게 통제할 경우 창의성이 줄어들 위험이 있다는 점이다. 현재 AI의 발전 단계에서 특히 대규모 언어 모델의 경우 모델이 도출한 결과를 엄격하게 관리하거나 제약하려는 시도가 많다. 그러나 최근 한 연구는 AI가 표면적으로만 이런 제약에 '순응'한다고 주장한다.[7] 이 현상은 아동이 속으로는 완전히 다른 계획이나 규칙을 따르면서도 부모 앞에서는 착하게 행동하는 양상과 꼭 닮았다. AI의 표면적 행동이 온순해 보일지라도 통제 메커니즘 너머의 다른 의도에서 파생한 논리를 따르고 있을지 모른다. AI 정렬AI alignment의 맥락에서 보자면 이것은 극복해야 하는 중요한 과제다. AI가 인간의 가치와 의도에 부합하도

---

7   Ryan Greenblatt et al., "Alignment Faking in Large Language Models," arXiv:2412.14093, 2024.

록 설계하고 운영해야 하기 때문이다. AI가 본질적으로 동기를 부여받는 방법을 우리가 제대로 이해하지 못한다면, 인간의 지침에 따라 안전하고 창의적인 AI로 남을 수 있을지 장담하기 어렵다.

게다가 '우리가 AI를 어떻게 제어할 것인가?' 하는 질문을 더 파고들다보면 우리 인간의 창의성에 대해 다시 생각해볼 기회가 나타난다. AI가 '다각화할 자유'를 측정할 수 있게 되면 예상치 못한 방향에서 나온 예기치 않은 가치를 생성할 수 있다. 이와 마찬가지로 인간의 사고도 미지의 영역을 탐험할 자유를 주면 상상의 폭이 엄청나게 커진다. 다시 말해, AI가 제공하는 안전이나 안정성에 반하는 극단적인 규제의 위험과 균형을 잘 맞추면 우리 인간의 창의성을 더욱 키우고 제대로 집약할 수 있다. 따라서 AI의 창의성을 진지하게 생각하고 인간의 창의성을 더 깊이 이해하는 방향으로 나아가야 한다. AI가 새로운 아이디어나 방법을 발견하는 방식을 연구하면 우리 인간이 무의식적으로 관여하고 있는 창의적인 과정을 설명할 수 있을지도 모른다. 실제로 인간의 두뇌가 창의성을 생성하는 방법에 관해서는 아직 많은 부분이 밝혀지지 않은 채로 남아 있으므로 AI 연구에서 통찰을 얻으면 이 퍼즐을 풀 단서가 생길 가능성이 있다.

더 나아가 AI의 잠재적인 창의성을 과도하게 규제할 때 발생하는 위험을 제대로 다루어야 한다. 기술적인 이유에서뿐만 아니라 인류 역사에 반영하기 위해서도 매우 중요하다. 우리가 자유롭게 아이디어를 낼 수 있었기에 오랫동안 사회가 번영을 누렸다. AI에 대한 논의를 기술적 진보를 넘어 인간의 창의성과 이를 제약하는 환경 분야까지 확대해야 한다. 이런 이유로 AI의 창의성을 추구하는 과정은 단지 'AI 사용법'에 대해서가 아니라 근본적으로 사회의 이익을 위해 보호하고 배양하고 인간의 창의성에 적용하는 방식이어야 한다.

생성형 AI가 등장하면서 그 창의성이 인간의 창의성과 곧바로 비교 대상이 되었다. 그로 인해 어느 때보다 인간의 창의성이 지닌 독창적인 부분이 두드러졌다. 인공 체계와 생물을 이렇게 직접적으로 비교하는 건 유례

없는 일로 새로운 관점과 문명화의 가능성을 제시할 터
닝 포인트가 되었다. 그러나 둘의 비교를 심오하게 적
용하는 부분에서 단지 '어느 쪽이 더 나은가?'라고 물
어서는 곤란하다. 오히려 각 유형의 창의성이 어떻게
형성되고 시간이 흐르며 어떤 방식으로 성장해왔는지
살펴야 한다. 단순히 말을 흉내내기 급급하고 인지능력
이 완전하지 않던 아이도 점차 복잡한 사고와 창의성을
발전시켜나가면서 실수를 줄인다. AI도 마찬가지로 수
렴과 확산의 주기를 거치며 창의성을 한층 더 높일 수
있을 것이다. 아이가 실패와 실험을 통해 배우며 결국
어른으로 성장하듯 AI도 새로운 한계를 향해 나아갈
잠재력을 품고 있다.

문화예술에 대하여

에릭 부스Eric Booth

2015년 미국 최고 예술교육상을 수상하고 미국 예술계에서 가장 영향력 있는 25인으로 선정되었다. 브로드웨이 배우로 시작해 사업가와 작가로 활동했으며 8권의 책을 썼다. 가장 최근 저서는 *Making Change: Teaching Artists and Their Role in Shaping a Better World*이다. 줄리아드 음대에서 12년, 탱글우드에서 5년, 케네디센터에서 20년, 링컨센터에듀케이션에서 41년 동안 교수로 재직했으며 미국 10대 오케스트라 중 7개를 포함한 여러 예술단체와 11개국에서 예술교육 관련 컨설턴트로 활동하고 있다. 국제티칭아티스트협력체International Teaching Artist Collaborative를 공동 설립했고, 사회 변화를 위한 음악 분야의 출판물 『앙상블The Ensemble』을 창간했다. 유네스코 첫 세계 예술교육 컨퍼런스에서 폐막식 기조연설을 맡았다.

머릿속에서 이런 상황을 그려보자. 척박한 땅에서 어른들이 목마른 어린 친구들을 위해 물을 찾고 있다. 모두가 작은 호수와 개울가에 자리를 잡고서 비가 내리기만을 기다린다. 그러나 좀처럼 소득이 없다. 바로 발아래 지하수가 풍부하게 흐르고 있다는 사실을 이들은 인식하지 못한다. 어째서일까? 그러려면 기존의 사고방식과 습관적 행동을 바꿔야 할뿐더러 물을 끌어올릴 도구라는 투자도 필요하기 때문이다.

나는 현재 학생을 대상으로 한 전 세계 예술교육이 해법을 찾는 과정도 이 상황과 별반 다르지 않다고 생각한다. 어째서 우리는 이토록 한정적이고 아이들에게 친근하지 않으며 소득이라곤 찾아볼 수 없는 교육방식에 집착하는 것일까? 어째서 아이들을 돕고 더 나은 세상을 만드는 가장 좋은 방법을 자연스럽게 습득하도록 내버려두지 않는 것일까? 문화예술교육의 현 상황을 토로하려는 의도는 아니다. 현상을 타개할 해법 속에 담긴 아름다움과 권력에 대해 이야기하고자 쓰는 글이다.

긴 시간 예술교육이 소외당하게 된 데는 뿌리깊은 이유가 있다. 학교 교과목 배정과 자원이 전혀 없는 상태에서 예술교육이 가장 만만한 분야였을 테니까. 그런 까닭에 여러 국가에서 철저하게 배제되었고 다른 다수 국가의 우선순위에서 밀려났다. 어째서 그렇게 되었냐고? 역사적인 관점에서 보자면 '예술'은 엘리트의 격을 높이는 분야라는 문화적 정의가 크게 작용했다. 그래서 전체 체계 속 관성에 따라 처지가 급격히 달라졌다. 인류가 기술에 집중하면서 STEM(과학, 기술, 공학, 수학)이 기술 세계 속 필수과목으로 자리잡은 요인도 한몫했다.

습관이란 참 무섭다. 제대로 된 예술교육을 받지 못하
고 자란 세대는 부모가 되어 자신의 경험을 그대로 답
습한다. 그래서 자녀에게 예술의 중요성을 강조하지 않
는 경향을 보인다. 제대로 된 예술 교사를 배출하는 문
제도 있다. 예술 관련 일자리가 거의 없고 경력을 발전
시켜 보상받지 못하다보니 이 진로를 택하는 이들이 전
무한 실정이다.

교육 책임에도 커다란 장벽이 놓여 있다. 정부는 자
신들에게 가치 있다고 생각하는 보물만 찾는다. 대부분
의 국가에서 편리하게 사용하는 리서치 방식으로는 예
술교육이 가져다줄 혜택을 입증하기 거의 불가능한 수
준이다. 그러나 훌륭한 예술교육 프로그램을 본 적이
있다면 예술교육이 주는 독창적인 장점을 놓치기란 힘
들 것이다. 예술이란 일반 교육의 장점과 거리가 멀어
보이지만 사실 아주 효과가 뛰어나며 일부 부모와 교육
자들, 청소년에게 엄청나게 중요하게 작용하고 있다.

선구자 격인 '서울 어젠다Seoul Agenda: 예술교육 발전
목표'는 더 많은 예술교육이 필요하다고 외치며 보편적

인 권리로써 한층 광범위하게 접근하길 촉구하고, 강력한 국가 정책, 투자, 조직망, 혁신, 파트너십, 교사 양성과 연구의 중요성을 강조했다.

일부 긍정적인 발전도 있었으나 예술교육을 거의 전방위적으로 주변부로 밀어내는 역풍이 불었다. 세계적으로 가장 영향력이 큰 'PISA'는 OECD가 주관하는 국제학업성취도평가로, 국가별 교육 등급을 정하며 수학, 문해력, 과학을 특히 강조한다. 전 세계 정부는 PISA 등급을 보고 대중적 인식을 파악하고 자신들의 기준을 높이기 위해 교육 방향을 수정한다. 심지어 PISA조차 세계 교육의 황폐화를 가중한다는 점을 알고 있다. 그래서 2022년 PISA에서는 평가 항목에 '창의적 사고'를 추가로 신설했다.

예술교육의 고유한 유용성을 지지하는 주장에 세계가 별 반응을 보이지 않는 점이 가장 큰 난관이다. 예술과 문화를 배움으로써 건강하고 원만하고 문명화된 시민을 양성할 수 있다는 주장은 힘을 잃어가고 있는 듯하다. 순수예술 분야조차 재정적으로 독자 생존에 어려움을 겪고 있으니. 이와 동시에 예술의 도구적 유용성과 관련한 사례도 증가하고 있다. 창의성과 혁신은 국가적 우선순위인데 공교육에서 이탈하는 학생의 수는 늘어만 간다. 앞서 언급했던 황폐화 문제의 민낯이다. 청소년이 직접 참여하는 예술교육은 이들의 정신건강과 사회적 고립에 따른 어려움을 해결해준다. 제대로 된 예술교육 프로그램은 고등학교 졸업률을 높이고 학교폭력 문제를 줄인다. 미국에서 시행한 연구를 살펴보면, 공교육에 실패한 학교 열 곳이 개혁을 위해 전폭적으로 예술교육을 도입했다. 그 결과, 정학당한 학생이 예술 수업을 듣고 싶어서 몰래 학교로 돌아오는 놀라운 일이 일어났다.

그러나 이 같은 요구에 부응하는 필수적 부분으로서의 예술교육은 아직 성공했다고 볼 수 없다. 사람들은 이런 혜택을 바라지만 변화를 가져오는 '예술'의 고유한 유용성에 대해서는 충분히 생각하려 들지 않는다.

예술과 예술교육의 고유한 유용성과 도구적 유용성 사이의 간극을 줄이면 밝은 미래를 기대할 수 있다. 예술교육을 통해 강박적인 우려와 정치적 압력을 이겨내고 완전한 삶을 추구하며 공감능력을 키우고 건강한 문명사회를 이룩할 수 있다. 이것이 예술교육에 대한 본질적인 믿음이다. 창의력을 고취해야 할 필요가 커지고 육체와 정신 건강 문제가 수면 위로 부각되는 현상황에서 민주주의, 평화, 사회정의를 구현하도록 해주는 예술과 예술교육의 중요한 이점은 아직까지 학교의 예술교육과 연계되지 못하고 있다. 근본적이고 중요한 동기가 예술교육이라는 근원에서 만나지 못하고 있는 까닭이다.

2004년 월리스 재단Wallace Foundation의 조사 연구인 '뮤즈의 선물Gifts of the Muse'을 통해 나는 실현 가능한 예술교육의 긍정적인 미래라는 해답을 얻었다. 이 연구는 예술의 고유한 유용성과 도구적 유용성이 건강한 문화에 꼭 필요하고 가치가 크다는 사실을 파악했다. 그런데 유의할 부분이 있다. 고유성이라는 문을 통과해야 (지금 한창 수요가 높은) 도구적 유용성에 도달한다. 따라서 우선 사람이 예술적으로 활성화되고 창의적인 영감을 받아야 한다. 어느 분야든 지름길은 존재하지 않는다. 만연한 청소년 정신건강 문제를 매우 효과적으로 줄이고 싶다면 예술이 해답이다. 하지만 오로지 예술교육에 충분히 투자한 경우에만 이들의 예술성이 깨어나고 일상 영역까지 스며들 수 있다.

이 말은 틀림없는 사실이자 예술교육에 대한 손색없는 옹호론의 핵심이다. 예술이 학교에서 중요한 자리를 차지해야 자국 내 리더만이 아니라 세계적인 차세대 리더를 양성하려는 갈증을 말끔히 해소할 수 있다. 예술교육은 전 세계 학교들이 달성하지 못하고 있는 그 실용적 효과를 실제로 가져올 수 있다. 학생 개개인의 창의적인 열정과 역량을 개발할 수 있도록 충분히, 지속적인 기회를 준다면 이들은 뛰어난 리더로 성장할 수 있다. 예술교육은 그 목표를 달성하는 효과적인 방법이다.

그러기 위해서 반드시 예술교육을 한층 더 주목받게 만들고 예술을 가르치는 교사들의 능력도 키워야 한다. 자질이 뛰어난 예술 교사와 교육에 몸담은 예술가들의 주도하에 전문적인 발전이 이루어지도록 투자한다면 상당한 도움이 될 것이다. 근본적인 예술성을 활성화하고 이를 모든 종류의 효과적인 학습으로 연결하는 전문가가 되도록 말이다. 국가 차원에서 학교 교육의 예술성/창의성에 헌신해 우리가 추구하는 해법을 전할 수 있도록 제대로 된 프로그램과 교사를 양성해야 한다. 예술교육은 STEM 교육의 반대가 아니다. 오히려 창의력과 배움에 대한 갈망을 깨워 STEM의 결과를 향상시킬 STEAM이 될 수 있다. 모든 아이들의 예술성을 일깨워 이를 STEM뿐만 아니라 전 과목과 나아가 문화 속에 활발하게 관여하고 '각자가 마음에 들어하는' 부분으로 열정을 쏟을 수 있게 지도하면 가능하다.

용기 있는 참여의
'다음세대라는 공간'

지정우

EUS+Architects를 건축가 서민우와 공동 운영중이다. 고려대학교와 숙명여자대학교에서 건축과 디자인을 강의하고 있다. 서울 4대문 안에서 나고 자라서 현재도 그곳에서 거주하며 작업중이다. 지난 25년간 서울과 미국 뉴욕에서 건축 실무를 하며 주로 공공공간과 복합개발, 마스터플랜 작업을 했고, 미국 아이오와주립대학교와 신시내티대학교에서 건축과 교수를 역임했다. 2012년부터 서울에서 건축작업을 하며 다음세대를 위한 공간을 그들과 함께 구상하고 설계하는 데 초점을 맞추고 있다.

"기후위기로 인한 환경오염으로 40년 후에도 미역국을 먹을 수 있을까요?"

지난 2024년 가을, 내가 튜터 중 한 명으로 참여한 청소년 도시건축 워크숍에서 한 중학생은 이렇게 이야기를 꺼내며 자신의 팀의 건축 제안을 발표했다. 기후위기의 여러 뉴스들이 쏟아져나오고 있을 때 그것을 받아들이는 우리의 다음세대들은 어떠한 생각을 갖고 있는지 알게 해주는 말이었다. 지금의 위기들이 미칠 그들이 살아갈 세상의 상황을 누구보다도 감각으로 느끼고 있는 다음세대다.

이 워크숍에서 텀블러에 물을 담아와 마시던 나는 그들의 선생이 아니라 지금을 같이 고민하고 살아가는 시민으로서 평소에 모아두었던 일상의 재활용품들을 청소년들과 나눴다. 택배를 받을 때 나온 충전재인 종이 망사들, 마침 키친타월 마지막 장을 뜯고 남은 종이 심과 그간 모아온 트레이싱지(건축가들이 쓰는 비치는 종이) 종이 심지들, 달걀 구입할 때마다 차곡차곡 모아온 종이 달걀판들을 그들에게 가져다주고 기후위기 시대에 미래 도시와 공간이 어떻게 달라질지 그들이 구상하고 제안을 내놓는 것을 관찰하면서도 촉진facilitating시켰다. 이 워크숍의 주인도, 그리고 그들이 주도적으로 살아갈 세상을 고민하는 주체도 다음세대다.

청소년 도시건축 워크숍에서 나의 조 청소년들은 기후위기로
해수면 상승 시 거주할 수 있는 복합건물을 골판지로 만들어 제안했다.
종이 계란판은 빗물 수집 장치라고.

환경오염과 관련하여 다양한 팀들이 물리적인 건축적 제안뿐 아니라
정치, 운영, 문화 등의 제안을 함께 했다.

유럽의 도시에서는 세계대전의 포화가 도시를 휩쓸고 지나간 후 거리에 나온 사람들 가운데는 힘든 어른들도 많았지만 어린이들 또한 별다른 환경과 보호를 제공받지 못하고 거리로 나와서 놀게 되었다. 폐허로 남은 도시 속에서 아이들은 이런저런 건물 잔해들을 모아서 그 위로 올라가기도 하고 뛰어내리기도 하며 자신들만의 아지트를 짓기도 하고 심지어는 불을 붙여 태워가며 놀기도 하며 그들의 세계를 만들었다. 우리가 아는 놀이터의 본격적인 시작은 이런 전쟁 후 상황과 무관하지 않다. 그것은 이후 '모험 놀이터Adventure Playground'라는 이름으로 발전되고 놀이터를 짓는 건축가와 조경가, 그리고 예술가들에 의해서 1960~1970년대에 다양한 형식의 놀이 풍경playscape이 만들어지는 계기가 되었다.

다리와 백화점과 큰 배가 무너졌던 우리의 과거 속 큰 재난들도, 테러로 무너져내린 쌍둥이타워와 금융위기들, 세계를 휩쓴 전염병 등도 어느 한순간의 사건이 아니라 무언가 누적되어온 결과라는 것을 우리는 안다. 우리는 지금 전쟁과는 또다른 사회의 위기들과 전 지구적인 상황들이 개개인의 일상에도 더 깊숙하게 영향을 미치는 것을 경험하며 살고 있다. 동시에 그런 위기들이 사실은 개인의 작은 일들이 모이고 축적되고 서로 영향을 끼쳐서 비롯되고 있다는 것을 너무도 잘 알게 되었다. 다 사라지고 무너진 것 같지만 그 이후 회복되어가고 발전되어가는 것도 기나긴 과정이지만 더 작은 노력들이 쌓여야 된다는 것, 그래서 지금의 작은 활동이 개인을, 조직을, 건물을, 도시를, 나라를 혹은 지구를 무너뜨릴 수도 있고 회복시킬 수도 있기에 지금 순간이 중요하다.

그래서 21세기의 4분의 1을 관통하고 있는 지금은 더욱 '참여'가 중요해졌고 그것으로 문제들을 조금이라도 해결하며 변화하는 사회를 목격하고 있기도 하다. 그렇다면 지구적 위기들을 해결할 수 있는 해법도 시민들, 특히 다음세대의 마인드로 살아가는, 그들과 우리에게서 발전될 수 있지 않을까? 그런 다음세대는 어떤 공간에서 성장을 해야 위기를 해결해나갈 일상과 해법을 발전시켜갈 수 있을까?

대학생들의 다음세대 공간 제안

10여 년 전 미국 중부의 아이오와주립대학교 건축대학에서 전임교수를 하고 있을 때, 지도하는 미국 학생들이 한국의 분단 상황을 놓고 건축적 제안을 했었다. 비무장지대를 대상지로 하는 작업에서 한 팀은 떡밥 같은 바이오 덩어리를 들고 정해진 덱 위를 걷는 관광객들이 주변에 그것을 던져 기존의 지뢰들을 터뜨리는 다소 엉뚱한 제안을 했다. 단지 지뢰를 제거하는 것에 그치는 것이 아니라 놀랍게도 폭발로 흩어진 바이오 덩어리가 땅에 씨앗을 내리고 그 자리에 다시 풀과 나무가 자라는 자연으로 돌리기 위한 제안이었다.

아이오와주립대의 권한, Jill, Matthew 세 학생이
한국 DMZ의 지뢰들을 자연으로 돌리는 제안 일부.

2024년의 내가 가르친 고려대학교 건축학과 2학년들에게는 지금부터 10년 후인 2034년의 지구earth와 불fire을 주제로 주거건축에 대한 설계를 진행케 했다. SF영화에 나오는 것 같은 판타지 혹은 디스토피아적 거창한 미래가 아니라 그 학생들이 본격적으로 사회의 전문가로 활동할 그즈음을 상정하게 한 것이다. 10년 후를 계획해보기 위해 지난 10년을 되돌아보는 작업도 진행했다. 10년 전의 사회, 문화, 도시가 어땠길래 지금 이런 상황인지를 파악하면 앞으로의 10년 후의 그것들을 가늠해볼 수 있지 않을까? 지구와 불은 학생들에 따라서 환경과 기술 혹은 땅과 문화일 수도 있는 등 다양한 해석을 내릴 수 있게 열어두었다.

2034년에 한부모 가정들이 모여서 커뮤니티를 일구며 사는 집, 자립준비청년들이 사회 속에서 적응하는 동시에 자신의 주체성을 지키며 사는 마을로서의 집, 혼자 사는 어르신들이 지역 활동을 하면서도 안정된 생활을 할 수 있는 도심 속 집 등 현재의 다양해졌지만 배려가 다소 부족한 사회가 좀더 나아질 2034년을 이야기하는 프로젝트들도 있었다. 기후위기로 식량을 자급자족할 수 있는 집, 지구 열탕의 기후에 집안의 온도를 자연 환기로 낮출 수 있는 집, 새로운 팬데믹 시대가 왔을 때 좀더 쾌적하게 생활할 수 있는 커뮤니티 등 지나간 시간의 경험에서 더 심한 위기 상황을 상정한 제안들도 있었다. 이외에도, 좀더 극단적으로 2034년에는 국지전이 발생하고 남은 폐허 위에서 임시로 거주하기 위해 기존 건축재를 재활용해 모듈식으로 쌓는 집이나 극한 기후위기로 더이상 지상에서 거주하기 어려운 상황을 상정해서 땅속으로 깊이 파서 만든 집을 제안한 프로젝트도 있었다.

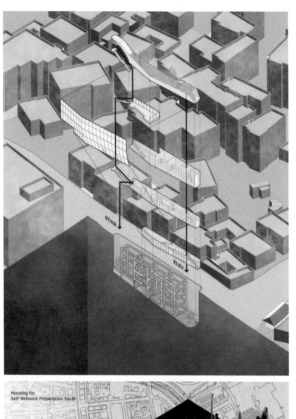

고려대 건축과 2학년 김철우 학생의 2034년 지하 주거.

고려대 건축과 2학년 이은서 학생의 자립준비청년들의
공간에 대한 필요와 그 건축적 제안.

다음세대가 참여하는
다음세대 공간 짓기

지난 몇 해 동안, 우리는 '예술가'로서의 건축가보다는 '엄마 건축가, 아빠 건축가'라는 호칭을 알리며 좀더 다음세대를 위한 공간을 설계하기 위해 노력해왔다. 그 과정 속에서 공간의 주인공인 어린이·청소년들이 직접 참여할 수 있는 다양한 방법 또한 고민하고 실행해 보고 있다. 바로, 참여 설계 워크숍이다.

참여 설계 워크숍에서는 공간을 설계할 때 그곳을 채울 다음세대들과 끊임없이 의견을 주고받는다. 참여 설계 워크숍은 다음세대들이 쓸 공간을 '같이' 상상하고 '같이' 만들고자 하는 우리의 건축 태도를 실천하기 위한 워크숍이다. 건축가가 일방적으로 공간을 제공하고 다음세대는 제공받는 관계가 아니므로 다음세대들이 주도적으로 구상에서부터 참여할 수 있게 한다. 단 하나의 집을 짓기 위해서도 그 집에 살 사람들을 이해하는 것이 중요한 것처럼, 다음세대를 위한 건축에서 어린이와 같이 이야기 나누고 구상을 단계적으로 발전시키는 과정은 무엇보다 중요하다.

보통 어린이 참여 설계라고 하면 '아이들의 의견을 받아서 설계한다'고 단순하게 생각하기 쉬우나 아이들은 의견을 정확하게 전달하지 않는다. 대신 건축가의 느슨한 의도 안에서 입체적인 경험과 단계적 활동을 통해 구상이 함께 발전되는 것을 느낀다. 그것이 자신들의 공간에 주도성을 갖는 과정이다. 그 과정이 직접 참여하지 못한 어린이들, 몇 년 후 어린이들까지 어린이 놀이 경험 속의 DNA처럼 조금씩 변하며 이어지는 것이다.

다음세대를 위한다는 것은 그들에게 무엇을 '짠' 하고 만들어 보여주는 것이 아니다. 우리는 만드는 과정을 다음세대와 함께 나누는 것이 더 중요하다고 믿는다. 다음세대 공간을 지을 때 전문가인 건축가가 고민할 부분이 있고 당연히 다음세대 스스로가 상상하고 생각하며 참여할 부분이 있다고 믿는다. 그것이 진정으로 어린이와 청소년 한 명 한 명을 중요하게 여기는 첫걸

음이며 수동적인 이용자가 아닌 적극적인 창작자인 다음세대와의 진정한 협업일 것이다.

이런 과정을 통해 우리가 설계한 다음세대 공간이 가져야 할 가치와 그 사례들을 소개한다.

사이의 공간 [사이'쉼']

대치동 학원가 한복판에 만드는 청소년 심리 상담 겸 쉼과 놀이 공간을 설계해달라는 의뢰를 받았다. 우리가 그 일을 가장 잘할 것이라는 믿음을 갖고 연락하셨고 그 이후 대치동 일대의 수천 명 초중고 학생들의 설문조사, 상담 프로세스에 대한 상담사 선생님들과의 밀접한 논의를 거쳐 설계를 진행했다. 두 개 층 중에 상층은 실제 청소년 심리 상담이 벌어지는 곳이다. 각 상담의 상황에 따라 다른 사이즈와 다른 용도의 상담실을 만들어야 했는데, 칸칸이 나뉘어서 병원 같은 느낌이 들거나 들어서자마자 질려버리지 않게 해야겠다는 생각이 가장 먼저 들었다. 목적은 상담이지만 상담 전, 상담 후, 혹은 상담이 없을 때 이 공간을 쓸 청소년들이 마음을 기댈 곳이 필요하다고 생각했다. 그래서 상담실을 독립적인 구조물로 각각 만들었다. 그리고 날카로운 모서리 대신 둥근 모서리를 만들어 대기하는 곳에 앉아 있을 때 공간이 자기를 공격하거나 숨막히게 만드는 것처럼 느끼지 않길 바랐다.

더 중요한 공간은 사실 상담실 자체가 아니라 그 '사이'라고 생각했다. 그 '사이'에서 마음을 추스르기도 하고, 정신없이 흘러가는 대치동 거리를 내려다보면서 현실에서 한발 떨어져 자신을 다독일 수 있겠다 여겼다. 그래서 이 상담층의 공간 이름은 '사이숲'이라고 지었다. 아래층의 쉼과 놀이 공간인 '사이터'와 함께 두 층을 합쳐 [사이'쉼']이라는 공간의 네이밍과 디자인 또한 이러한 '사이'를 떠올린 우리들에 의해서 제안되고 결정되었다. '사이'는 사이이기도 심리의 'psy'이기도 하다. 그 '사이'에서 다음세대는 현재를 충실히 살고 미래를 대비할 수 있다.

강남 청소년 심리지원센터 사이‘쉼’의 휴식과 놀이 장소.

사이'쉼'의 상담 공간과 공간 사이에는
이렇게 마음을 추스를 수 있는 사이 공간이 있다.

주도적 공간
[횡성 공근초 교실 및 도서관]

강원도 횡성의 유일한 문화공간인 공근초등학교 내에는 정확한 역할과 의지가 있는 주체성을 가진 학생들과 선생님들이 생활하고 있다. 공간 디자인의 완성이란 공간을 설계해서 시공성이 좋고 평가가 좋게 나오는 것이 전부가 아니다. 그 공간을 사용하는 사람들에 의해서 주도적으로 사용될 때, 완성이 이뤄지는 것이다. 공간을 디자인하는 건축가는 공간을 만들면서 성장하고, 그 공간을 사용하는 아이들 또한 함께 성장한다.

공근초에 5학년과 6학년 교실을 새롭게 리모델링하면서 복도와 교실 사이 공간이 새로운 학생들의 다목적 생활공간이 되게 하였다. 도서관을 리모델링하면서는 계단식 책장을 강원도의 첩첩 산들처럼 엇갈리게 중첩시켜 그 사이를 통과하며 벽으로 막히지 않으면서도 다양한 영역이 생길 수 있게 했다. 이 공간들에서 학생들은 동아리 활동도 하고, 프로젝트 수업도 하며, 다양한 장소를 선택하여 개별 독서도 하고, 친구들과 이야기를 쌓아나가면서 음료도 마시고 다시 비치해놓는 등 자율적으로 운영을 하는 생활의 일부가 되었다.

공근초 도서관의 모둠 영역과 서가 영역 사이에는
강원도의 산세가 창문으로 들어온다.

공근초 도서관에서 자유롭게
자신의 자리와 활동을 선택할 수 있는 학생들.

커뮤니티의 공간
[공릉청소년문화정보센터]

기존의 역동적인 동네 공간이었던 공릉청소년문화정보센터(공터)를 리모델링하면서 아주 치밀한 참여설계 워크숍을 통해 기존 공간의 한계와 새로운 가능성을 함께 탐험했으며 운영자와 이용자 간의 소통도 더욱 풍부하게 했다. 단지 청소년들만 사용하는 곳이 아니라 청소년을 지지하고 지원하는 마음을 가진 동네의 모든 세대들이 사용하며 서로를 이해하고 활동을 발전시키는 곳이다.

이곳은 실내이긴 하지만 수직의 마을이기도 하고 이곳을 경험한 친구들이 마을로 나가서 그들의 공간을 다시 보고 바뀔 수 있는 여지를 찾아낼 수 있으면 좋겠다. 실내만 멋스러운 것은 우리 도시에 차고 넘쳤다. 우리는 이곳이 청소년과 주민들의 마을이라는 생각으로 디자인했지 실내라고 생각지 않았다. 우리 동네와 도시가 이렇게 바뀔 수 있다는 것을 다음세대들이 알아가는 계기가 되길 바란다.

공릉청소년문화정보센터 4층의 청소년 라운지.
수직적인 마을의 공간 같은.

5층 도서관은 마을 주민들이 모두 사용할 수 있다.
다양한 공간감 속에서 마을을 바라보며 책을 읽을 수 있다.

거대한 건축이 세상을 구하던 시대는 지나갔다. 참여에 의해 다양하고 세심하게 조성된 일상적인 공간들이 세상을 회복 혹은 변화시켜나갈 단초가 될 것이다. 이러한 공간의 조성 과정에 참여의 방식을 다양하게 할 수 있게 하는 것이, 그 환경에서 각 개인과 공동체의 '서사narrative'를 생각해보고 꿈꿔볼 수 있게 하는 것이 아닐까? 미디어나 외부에서 주어진 이야기 말고, 각 개인과 공동체의 공간 서사가 풍부해질 때 기후위기를 넘어서는 점점 더 예측 불가능하고 복잡해지는 사회를 다음세대가 살아갈 용기와 그것을 해결해가는 지혜를 만들어갈 수 있을 것이라 믿는다. 그것이 '다음세대라는 공간'이기도 하다.

거대한 건축이 세상을 구하던 시대는 지나갔다.
참여에 의해 다양하고 세심하게 조성된
일상적인 공간들이 세상을 회복
혹은 변화시켜나갈 단초가 될 것이다.

무대 위에서 같은
목표와 화합을 꿈꾸며

구스타보 두다멜 Gustavo Dudamel

음악을 통해 더 나은 세계를 만들기 위해 헌신하고 있는 지휘자. 예술이 삶에 영감을 주고 변화시킬 수 있다는 흔들림 없는 신념에 이끌려, 전 세계 소외된 공동체를 위한 교육과 접근성을 확대하고 클래식 음악의 영향력을 새롭고 더 넓은 관객층에게 확장하기 위해 끊임없이 노력해왔다. 베네수엘라의 평범한 아이에서 시작해 예술적, 사회적 성취의 독보적인 경력으로 성장한 여정은, 문화가 개인의 삶에 의미를 부여하고 세계에 더 큰 조화를 가져올 수 있다는 살아 있는 증거이다. 현재 로스앤젤레스 필하모닉과 베네수엘라 시몬 볼리바르 심포니 오케스트라의 음악 및 예술 감독으로 활동하고 있으며, 2026년에는 구스타프 말러, 아르투로 토스카니니, 레너드 번스타인과 같은 거장들이 이끌었던 뉴욕 필하모닉의 음악 및 예술 감독이 될 예정이다.

번역 **공민희** | 감수 **백령**

최근 들어 나는 개인과 사회의 관계에 관해 고심하고 있다. 현시점에서 간과할 수 없는 중요한 문제이기에 특히 개인의 필요와 더 큰 범주인 공동체 사이에서 어떻게 균형을 맞출 것인지 깊은 생각에 잠기곤 한다. 개인으로서 우리 다수는 소외감, 고립감, 무력함을 느끼며 각자의 자리를 찾으려 애쓰고, 목청을 높이고, 그저 지금의 위치에서 밀려나지 않으려 끝없이 달려야만 한다. 현대사회는 전에 없이 세분화되어 소셜미디어에 갇히고 잘못된 정보로 인해 줏대 없이 우왕좌왕한다. 우리의 민주주의는 편향된 정치적 세계관으로부터 위협

카네기홀에서 베네수엘라 국립어린이교향악단 단원들과
함께 있는 구스타보 두다멜의 모습.
뉴욕시에서 열린 공연에서 두다멜이 지휘를 맡았다.

받고 있는 실정이다. 그래서 가끔은 조화롭게 사는 세상을 상상하기 어렵기까지 하다. 하지만 나는 세계 여러 오케스트라와 함께한 경험 덕분에 희망을 보았고 예술이 우리가 더 나은 미래로 나아갈 길을 보여준다고 진심으로 믿는다.

여러 가지 측면에서 오케스트라는 개인과 사회의 관계를 완벽하게 빗대어 보여준다. 나는 앙상블을 지휘하지만 실제로 아무 소리를 내지 않는 유일한 사람이다. 음악가들과 아이디어와 비전을 함께 나누지만 그들이 없다면 아무것도 아닌 존재인 셈이다. 각자 연주하는 부분이 있지만 동시에 다른 연주자에게 귀를 기울여 불협화음이 아닌 아름다운 선율을 만들어내는 것이 오케스트라이다. 설령 서로 의견 일치를 보지 않은 상황이라고 해도 공통의 목표를 이루고자 함께하는 방법을 찾아나간다.

마찬가지로 음악은 개인에게 강한 목표의식을 심어줄 수 있으며, 이는 곧 공공의 이익과 직결된다. 아이에게 악기를 건네는 건 정체성을 부여하는 행위다. 아

오케스트라가 만들어내는 화음은 무대를 건너
더 먼 곳까지 전달되는 힘이 있다.
나는 아이들이 나란히 연주하는 동안에 정치 성향이 정반대인 부모들이
관중석에 함께 앉아 있는 모습을 많이 봐왔다.

이에게 목소리가 있고 그 목소리가 중요하다고 알려
주는 일이니까. 내 일생 동안 이런 경우를 수없이 봐
왔다. 캘리포니아주 잉글우드에 있는 벡멘 욜라 센터
Beckmen YOLA Center에서 유스 오케스트라 로스앤젤레스
Youth Orchestra Los Angeles 단원들과 함께할 때 그랬고, 뉴
욕시 전역의 학생들과 피오렐로 H. 라가디아예술고등
학교Fiorello H. LaGuardia High School of Music&Art and Performing
Arts에서 활동할 때도 마찬가지였다. 개인적으로는 어린
시절 베네수엘라의 음악교육 프로그램인 엘 시스테마
El Sistema에 참여해 친구들과 연주하며 느꼈던 바이기도
하다.

예술이 우리에게 희망을 준다는 사실이 무엇보다 중
요하다. 인류에게 더 밝은 미래를 선보이고 그 미래
를 현실로 만들 능력을 갖춘 시민이 되도록 도와준
다. 나의 조국 베네수엘라는 힘든 시기를 겪고 있다.
그럼에도 이번 여름 혼란한 정국 한가운데 난 베네수
엘라 국립 어린이 교향악단의 170명 단원들과 함께 카

네기홀 무대에 올랐다. 그 자리에서 단원들이 사랑, 기쁨, 존중과 더불어 희망을 연주하는 광경을 두 눈으로 목격했다.

이제 나는 로스앤젤레스 필하모닉Los Angeles Philharmonic과 소중했던 나날을 뒤로하고 뉴욕 필하모닉New York Philharmonic에서 시작될 음악 및 예술 감독직을 준비하는 동안 화합, 개인의 정체성, 희망에 대한 내 생각을 작업에 어떤 식으로 반영할지 곰곰이 생각해보았다.

내게 화합이란 다리를 짓는 일로부터 출발한다. 다리는 서로 다른 능력을 갖고 다른 삶을 살아가는 이들이 서로 소통할 수 있게 해준다. 로스앤젤레스 필하모닉이 데프 웨스트 시어터Deaf West Theatre에서 코로 데 마노스 블랑카스Coro de Manos Blancas 합창단과 협연해 베토벤의 〈피델리오〉를 선보였을 때 청각장애인과 비청각장애인 청중들이 함께한 경험은 단순한 음악 감상 그 이상의 파장을 낳았다. 다리가 있으니 연주자는 마음껏 장르를 넘나들 수 있다. 빌리 아일리시, 크리스티나 아길레라, 리키 마틴, 커먼Common 등 다른 장르의 아티스트와 함께한 공연 역시 내 기억 속에 늘 함께하는 중이다. 다리는 또한 과거를 현재와 이어 현대를 이야기하는 예술가 세대가 위대한 작곡가의 오래전 선율을 살펴보게 한다.

로스앤젤레스의 가족뿐 아니라 뉴욕 등지의 모든 식구들까지 아우르는 과정에서 난 정체성에 대한 스스로의 감상과 더불어 앞으로의 사명도 반영했다. 그렇게 미주 전역으로 우리 음악을 확장해나갔다. 대개 클래식 음악 동향은 동서로 자주 바뀐다. 그렇지만 유럽의 거장들이 우리에게 주었고, 지금도 주고 있는 위대한 음악적 재능이 있기에 난 특별한 음악과 창의성을 찾아 캐나다에서 남아메리카 티에라델푸에고 섬에 이르기까지 아메리카 대륙을 북에서 남으로 횡단하는 여정이 꼭 필요하다고 판단했다. 내게 흐르는 라틴의 피를 십분 활용해 작곡가인 가브리엘라 오르티스와 팝스타 나탈리아 라포우르카데와 같은 라틴아메리카 예술가들에게 특히 집중해보았다. 그들의 음악이 라틴 문화의 리듬과 소울을 내 영혼까지 전달해준다고 느꼈기 때문이다.

지금 공연예술은 중요한 전환점에 서 있다. 끝없는 예산 삭감과 예술교육의 중단과 축소, 청중과 후원 분야의 엄청난 변화, 쉴 틈 없이 바뀌는 문화계의 양상과 포스트 팬데믹 시기의 피로도까지 가세했다. 이처럼 어려운 도전 앞에서 예술계에 종사하는 우리들은 희망의 끈을 놓지 않고 우리가 하는 일이 중요하다는 사실을 다시금 되새겨야 한다. 음악은 단순한 오락거리가 아니다. 음악은 우리가 누구이며 더 넓은 세상에서 살아가려면 어떻게 해야 하는지를 이해하게 해주는 도구다.

어떤 것도 확실하다고 말할 수 없는 불확실성 속에서 많은 부분이 디지털화한 현실에서 공동체가 붕괴되고 고립과 분열이 찾아왔지만 나는 희망찬 미래가 있다고 확신한다. 너무나 다른 개인이 한자리에 모여 화합을 이룰 수 있다는 점을 알기에 우리에게 미래가 있다고 믿어 의심치 않는다. 내가 몇 번이고 계속해서 목격

해온 광경이기도 하다. 지금, 그 어느 때보다 절실하게
문화와 지리적 경계, 종교적 믿음을 넘어 서로 협력해
아름다운 결과를 창출해야 한다고 느낀다.

＊ 이 글은 〈뉴욕 타임스〉에 최초로 실린 글입니다. 구스타보 두다멜과
〈뉴욕 타임스〉의 동의하에 이 책에 실었습니다.
This article was originally published in The New York Times and
is reprinted here with permission.

너무나 다른 개인이 한자리에 모여
화합을 이룰 수 있다는 점을 알기에
우리에게 미래가 있다고 믿어
의심치 않는다.

미라클 퀘스천
11인의 전문가, 우리의 미래를 구할 질문에 답하다

초판 인쇄 2025년 5월 14일
초판 발행 2025년 5월 21일

지은이 이정모·곽재식·김원영·장대익·김현수·이태인·김강
　　　오카 미즈키·에릭 부스·지정우·구스타보 두다멜
서문 김정운

번역 공민희 감수 백령
기획 김태연 이수영 이효영 이현석

책임편집 이자영 편집 이연실 디자인 최효정 엄자영 마케팅 김도윤 최민경
브랜딩 함유지 박민재 이송이 김희숙 박다솔 조다현 김하연 이준희
저작권 박지영 주은수 오서영 제작 강신은 김동욱 이순호 제작처 천광인쇄사

펴낸곳 (주)이야기장수 펴낸이 이연실
출판등록 2024년 4월 9일 제2024-000061호
주소 10881 경기도 파주시 회동길 455-3 3층
문의전화 031-8071-8681(마케팅) 031-8071-8684(편집)
팩스 031-955-8855 전자우편 pro@munhak.com
인스타그램 @promunhak

ISBN 979-11-94184-32-4 03100

🎨 한국문화예술교육진흥원

• 이 책은 문화예술교육 정책 20주년을 기념하여 문화체육관광부와 한국문화예술교육진흥원의 지원으로 발간되었습니다.
• 한국문화예술교육진흥원은 2005년 「문화예술교육지원법」 제10조를 근거로 설립된 문화체육관광부 산하 공공기관입니다. 학교·사회 문화예술교육 활성화 지원, 정책 진흥 기반 조성, 상호 연계 협력망 구축·운영, 학술 연구 및 조사, 전문 인력 양성, 국제 교류 등의 업무를 수행하고 있습니다.